Franz Miklosich

Subjektlose Sätze

Franz Miklosich

Subjektlose Sätze

ISBN/EAN: 9783744681506

Hergestellt in Europa, USA, Kanada, Australien, Japan

Cover: Foto ©Thomas Meinert / pixelio.de

Weitere Bücher finden Sie auf **www.hansebooks.com**

SUBJECTLOSE SÄTZE.

VON

FRANZ MIKLOSICH,

ZWEITE AUFLAGE.

WIEN.
WILHELM BRAUMÜLLER.
1883.

Diese Schrift ist eine Umarbeitung meiner im XIV. Bande der Denkschriften der philosophisch-historischen Classe der kaiserlichen Akademie der Wissenschaften gedruckten Abhandlung: „Die Verba impersonalia in den slavischen Sprachen".

ERSTER THEIL.

Allgemeines.

Die nachstehende Abhandlung hat zunächst die subjectlosen Sätze in den slavischen Sprachen zum Gegenstande. Bei diesen Studien konnte ich nicht umhin auf analoge Erscheinungen anderer, namentlich der verwandten Sprachen Rücksicht zu nehmen. Diese Studien haben mich auch veranlasst bei Philosophen Belehrung zu suchen: die Abhandlung enthält die Antworten, die mir auf meine Fragen geworden sind. Ich habe es endlich nicht unterlassen nachzuforschen, wie die Frage der sogenannten Verba impersonalia im Laufe von mehr als anderthalb Jahrtausenden von den Grammatikern aufgefasst worden ist: der Theil der Abhandlung, der die Geschichte dieser Frage zum Gegenstande hat, dürfte namentlich dadurch von Interesse sein, dass daraus hervorgeht, welcher Scharfsinn vergeblich aufgeboten wurde um eine unhaltbare Theorie zur Geltung zu bringen. Dieser Theil der Abhandlung, verbunden mit der Erkenntniss der Totalität der hieher gehörigen Spracherscheinungen, dürfte mehr als irgend etwas anderes dazu beitragen der richtigen Auffassung der Sache Anerkennung zu verschaffen.

Als nothwendige Bestandtheile des Satzes erklärt man das Subject, d. i. dasjenige, von dem etwas ausgesagt wird, und das Prädicat, d. i. dasjenige, was ausgesagt wird. Diese Ansicht ist in der Sprache nicht begründet, indem es Sätze gibt, denen das Subject fehlt. Dergleichen Sätze nennen wir subjectlos und fassen hier das Wort Subject im grammatischen Sinne auf, in welchem es mit dem Subject-Nominativ zusammenfällt: in dem Satze „pluit" wird das Subject nicht nur nicht ausgedrückt, sondern nicht einmal gedacht. Nach einem solchen Subjecte kann nicht gefragt werden, und die Frage kann bei solchen Sätzen nur lauten: was geschieht? In allen solchen Sätzen wird ein Vorgang ausgedrückt, ohne dass das wirkende Subject genannt wird: das Verbum tritt völlig subjectlos auf. Es ist daher unrichtig, wenn man meint, das Subject von dergleichen Verben sei unbestimmt, wie etwa von den Ausdrücken: putant, dicunt; λέγουσι, φασί; nsl. mislijo; klruss. de prosat, de kośat Nomis 13; russ. govorjatъ, govorili; pol. kochają; man sagt; frz. on dit und dergl.; es ist ferner unrichtig, wenn man den Grund der Eigenthümlichkeit von dergleichen Sätzen in dem Verbum sucht, und die Verba in personalia und impersonalia scheidet; es ist endlich unrichtig, wenn man das in mehreren Sprachen die sogenannten Impersonalia begleitende Pronomen „es" als Subject ansieht. Bei den Ausdrücken putant, dicunt ist allerdings das Subject unbestimmt, es kann aber bestimmt werden, während bei Ausdrücken wie „pluit" dies nicht möglich ist: zu den Sätzen mit unbestimmtem, aber bestimmbarem Subjecte gehören namentlich die Räthsel: małeńkoje, kryveńkoje, vśo pole ślitaje für serp. In dergleichen Sätzen hat das deutsche „es" einen wirklichen Inhalt, nach dem eben gefragt wird. Wer mit Apollonios Dyskolos bei ἀστράπτει das Subject Zeus hinzudenkt, verkennt die Eigenthümlichkeit dieser Ausdrucksweise; er muss consequent Verba wie ἀστράπτει aus der Zahl der sogenannten Impersonalia ausscheiden, und wird als Impersonalia nicht einmal jene gelten lassen, für welche, wie für μέλει, ein solches Subject nicht einmal fingiert werden kann, und bei denen man zu einer anderen Fiction seine Zuflucht nimmt, indem man dem Satze μέλει den Satz μελητόν ἐστι substituiert. J. Grimm, Wörterbuch 3. 1112, spricht sich darüber folgendermassen aus: „Nahe gelegt war verschiedentlich bei „es spukt, es raschelt, es tagt" u. s. w. das in „es" verbliechene Subject aufzufrischen und wieder auszufüllen; diesen Weg einschlagend denkt man sich zu pluit, tonat ein Jupiter oder Zeus, welchem des Regens, Donners und Blitzes Ursprung beigemessen wird, wie auch das Volk diese Naturerscheinungen sich daraus deutet, dass der alte Vater mit seinem Wagen über die Wolken rolle und Feuer schlage. Die Verba wie „spukt" lassen sich meist auf irgend einen Dämon ziehen, dessen heimliches Nahen auszusprechen gemieden wurde. Allein es hat doch Bedenken mannigfalte Phänomene sämmtlich auf eine und dieselbe Gottheit und noch mehr die einzelnen auf besondere

Götter zu leiten: welche Subjecte aber gewinnen wollte man für die unpersönlichen Verba, wie: „es ist einem genommen; es wimmert; es sei; es wird dir besser?" Lieber erläutere ich die ganze Form aus dem Bereiche der Sprache selbst. Sie bediente sich des dem Neutrum überhaupt eingepflanzten Begriffes der Unbestimmtheit, um das nur andeutbare, unbekannte oder geheime zu bezeichnen. Der Grund dessen, was unser Inneres bewegt, erfreut oder traurig macht, kann eben so versteckt liegen als die Ursache einer äusseren Naturerscheinung, darum sagt dafür ein leiser unpersönlicher Ausdruck zu, der ganz unterbleiben könnte und in anderen Sprachen unterbleibt. In dem „es" ist kein leibhaftes Subject gelegen, nur der Schein oder das Bild davon. Erlangt die Vorstellung mehr Stärke und Festigkeit, so wird das Verbum persönlich, und statt „es regnet, es scheint" heisst es dann „die Wolke regnet, die Sonne scheint". Beide Redeweisen weichen dennoch von einander ab, wesshalb unrecht wäre dem unbestimmten „pluit" ein bestimmtes „deus pluit" gleichzusetzen oder unterzulegen. Obenhin besagt „es zwingt mich" was „die Noth zwingt mich"; genau genommen liegt im unpersönlichen Ausdruck etwas weniger. Wenn die Annahme Grund hat, dass im lat. „tonuit", folglich im „tonat" das unbezeichnende Neutrum stecke, was im pol. „grzmiało" und in „es donnerte" sichtbar ist, wie liesse sich der männliche Name Jupiter hinzudenken? Ihn im Sinne, hätte der Pole „grzmiał", der Deutsche „er donnerte" gesagt."

Ich habe die hier behandelten Sätze subjectlos genannt, und zwar nach dem Vorgange K. W. Heyse's und in Übereinstimmung mit Herbart und Trendelenburg, abweichend von Steinthal. Diese Benennung findet ihre Begründung in der Vergleichung dieser nach der herrschenden grammatischen Doctrin unvollständigen Sätze mit vollständigen, welche zeigt, dass das zur Vollständigkeit mangelnde nur das Subject sein kann. Ist aber das mangelnde das Subject, so muss das vorhandene das Prädicat sein; man kann demnach dergleichen Sätze auch Prädicatsätze nennen: im ersten Falle benennt man die Erscheinung nach dem fehlenden, im zweiten nach dem vorhandenen. Wenn gegen den Ausdruck „subjectlose Verba", den meines Wissens K. W. Heyse, Lehrbuch der deutschen Sprache 1. 660. System 401, zuerst gebrauchte, von Steinthal eingewandt wird, dass ein Verbum ohne Subject nicht zu denken sei, indem die Personalbezeichnung nichts anderes sei als die Beziehung auf das Subject, so scheint die Einwendung auf der von demselben Gelehrten bekämpften Ansicht von dem logischen Charakter der Sprache zu beruhen. Da das Verbum finitum nothwendig in einer der drei Personen stehen muss, so folgt daraus nicht das Dasein des Subjectes: die Behauptung von der Subjectlosigkeit mancher Sätze muss so lange aufrecht erhalten werden, als für dieselben Subjecte nicht nachgewiesen sind. Dass der Grund der Eigenthümlichkeit von dergleichen Sätze nicht im Verbum zu suchen ist, erhellt schon daraus, dass die meisten Verba impersonalia auch mit Subjecten verbunden werden können: es rauscht; das Laub am Baum rauscht ihm (dem Bösewicht) Entsetzen zu. Die Construction ist es, die den Unterschied begründet. Was den Ausdruck „unpersönlich" anlangt, so wäre derselbe unrichtig, wenn man ihn buchstäblich auffassen wollte, da jedes Verbum finitum in einer Personalform stehen muss. Lateinische Grammatiker haben, allerdings sonderbar genug, die significatio impersonalis damit erklärt, quod sine persona intelligi non potest: pudet illum Diomedes 337, während J. Grimm, Grammatik, 4. 227, die Benennung durch die Bemerkung zu rechtfertigen sucht, dass das unbestimmte Neutrum, in welchem allein die dritte Person singularis dieser Verba denkbar ist, alle wirkliche Persönlichkeit ausschliesse.

Was das die Verba impersonalia im Deutschen und sonst begleitende Pronomen „es" anlangt, so ist vor allem anzuführen, dass dasselbe in den allermeisten Sprachen kein Äquivalent hat. Dieses „es" nimmt nach Heyse, System 401, nur die vacante Stelle des Subjectes ein, ohne einen wirklichen Gegenstand zu bezeichnen; es vertritt, Lehrbuch 2. 16, das Subject nur formell als ganz inhaltsloses Formwort, während es nach J. Grimm, Grammatik 4. 227, bestimmt ist alle wirkliche Persönlichkeit auszuschliessen; es ist nach der Ansicht desselben Forschers in diesem „es" kein leibhaftes Subject enthalten. Während „es" im nhd. nur unter bestimmten Umständen fehlen kann, ist es im ahd. bei Otfrid in viel engere Grenzen eingeschlossen Erdmann 2. 61; viel häufiger ist dessen Anwendung im mhd.; im goth. fehlt es ganz. Hinsichtlich des engl. kann Mätzner 2. 30, 35. eingesehen werden. In den romanischen Sprachen, die in diesem Punkte weit entfernt sind mit einander übereinzustimmen, ist die Anwendung des „es" vom Deutschen ganz unabhängig. Das afz. kennt es nicht: „Dans les plus anciens monuments de la langue d'oïl on ne trouve pas d'exemple du pronom neutre il" A. Horning 249. in E. Boehmer's Romanischen Studien. iv. Das nfz. kann das dem „es" entsprechende „il" mit wenig zahlreichen Ausnahmen nicht entbehren: il fait chaud; n'importe; tant s'en faut. Dem prov. ist es nicht wesentlich: quant vanra an paier; no y a arma; im ital. kann es mit demselben Rechte gesetzt wie ausgelassen werden: tuona, egli tuona; das span. und das portug. enthalten sich dieses Pronomens durchaus: ya habia asi un mes; ha boms e máos homems no mundo. Vergl. Diez 3. 291. Es ist nicht richtig, wenn von einem im Griechischen fehlenden „es" gesprochen wird Thucydides ed. Krüger 326. Von den slavischen Sprachen hat sich das Niederserbische diesen Gebrauch aus dem Deutschen angeeignet, indem es nicht nur in subjectlosen Sätzen, sondern auch für das als Vorbote eintretende „es" entweder „vono", asl. ono, oder „to" setzt: vono se blyska es blitzt. vono se blyskalo. vono se blyskoco. vono jo se jomu zekśelo spaś er ist schläfrig geworden; so auch vono južo běšo světly běly źeń es war schon heller lichter Tag. to ma kuždy clovek svoje brachi es hat jeder Mensch seine Fehler. Im Čechischen findet sich bei den Schriftstellern des sechzehnten Jahrhunderts dafür manchmal „ono": a ono na střechu bucha. a ono se peněz ne našlo žádných es fand sich kein Geld Svěd.; so auch: a ono ne teklo vody nic z rybnika es floss kein Wasser aus dem Teiche Svěd.; verschieden ist: a to se svítlo, a to se zardělo Erb. 109. Im Neuslovenischen, und zwar in den Schriften von M. Kastelec liest man: ono je tudi rečeno. ono bo pak en brat druziga v smrt izdal es wird ein Bruder u. s. w. In Innerkrain spricht man: kako je ono zagrmělo! kako je ono sladko! Beachtung verdient das im Charьkover Gouvernement vorkommende ono uže světaetъ es tagt schon Popov 305. In den anderen slavischen Sprachen findet sich nichts dem deutschen „es" entsprechendes.

Wenn man die enge Verbindung subjectloser Sätze mit dem Genus neutrum erwägt, so wird man auf den Gedanken geführt, dass denjenigen Sprachen, welchen das Neutrum fehlt, weil sie entweder keinen Genusunterschied oder nur das Genus masculinum und femininum kennen, subjectlose Sätze unbekannt sein müssen. Dem widersprechen jedoch die romanischen sowie die semitischen Sprachen. Dass die ersteren subjectlose Sätze haben, kann nicht bezweifelt werden: sie verdanken jedoch diesen Besitz möglicherweise dem Fortwirken des lateinischen Sprachgenius. Ähnlich ist es mit dem Lit. und Lett. bestellt: beide Sprachen haben das Neutrum in ziemlich später Zeit aufgegeben. Dass die semitischen Sprachen, namentlich die hebräische, die arabische und die äthiopische, subjectlose Sätze kennen, lehren Gesenius, Sacy und Dillmann: man darf sich dabei an Ewald's Ansicht erinnern, der zu Folge das Semitische in einer Urzeit, wo es noch nicht seine Eigenthümlichkeit ausgebildet hatte, auch das Unpersönliche oder das sogenannte Neutrum unterschieden hat. Ausführliches Lehrgebäude der hebräischen Sprache 440. Was soll man jedoch sagen, wenn man wahrnimmt, dass auch dem Magyarischen, dem der Genusunterschied unbekannt ist, der hier behandelte Gebrauch zugeschrieben wird? Wenn J. Grimm, Wörterbuch 3. 1106, dem Magyarischen und den finnischen Sprachen überhaupt Verba impersonalia abspricht, so hat er diese seine den Lehren der magyarischen Grammatiker widersprechende Ansicht nicht weiter begründet. Es scheint, dass auch in den genuslosen Sprachen subjectlose Sätze vorkommen; der Gegenstand bedarf jedoch genauerer Untersuchung.

Man könnte versucht sein alle subjectlosen Sätze als Existentialsätze aufzufassen, indem man etwa sagte: es friert ist so viel als Frieren ist, es gibt Frost; bulg. polédice ima es gibt Glatteis, es glatteiset; zimá j es friert, es gibt Frost; mrum. da neao es schneit, eigentlich es gibt Schnee u. s. w., wobei jedoch zu bemerken ist, dass ich mrum. das Verbum „da" in Existentialsätzen nicht nachweisen kann. Es lassen sich demnach einige Sätze, die Naturerscheinungen bezeichnen, durch Existentialsätze ausdrücken: ob jedoch alle subjectlosen Sätze die Form von Existentialsätzen annehmen können, ist fraglich. Gegen diese Ansicht lässt sich folgendes anführen: Man sagt uslov. zima je bilo es war kalt: wäre nun dieser Satz ein Existentialsatz, so müsste derselbe negativ lauten: zime ni bilo, was jedoch nur den Sinn haben kann: „es gab keinen Winter", während „es war nicht kalt" durch ni bilo zima ausgedrückt wird. Im allgemeinen ist zu bemerken, dass es nicht erlaubt ist ein Merkmal eines eigens fingierten Satzes auf einen von der Sprache anerkannten Satz zu übertragen.

Das Verbum finitum der subjectlosen Sätze steht in der dritten Person des Singulars, und, wo die Form des Genusunterschiedes fähig ist, im Neutrum, daher bylo, pito, daher auch pugnatum est. Im Masculinum würden diese Ausdrücke aufhören subjectlos zu sein, und ein nicht ausdrücklich bezeichnetes Subject müsste nothwendig hinzugedacht werden. Der Streit der Grammatiker über das Wesen der sogenannten Verba impersonalia reicht ins Alterthum zurück. Quinctilian, der um die Mitte des ersten Jahrhunderts nach Christi Geburt lebte, fühlt den Unterschied zwischen dem persönlichen und unpersönlichen Ausdruck, indem er sich darüber folgendermassen ausspricht: Iam „itur in antiquam silvam" nonne propriae cujusdam rationis est? nam quod initium ejus invenias? cui simile: fletur; accipimus aliter ut „panditur interea domus omnipotentis Olympi"; aliter ut „totis usque adeo turbatur agris", an welcher Stelle unter „initium" nur der Subject-Nominativ verstanden werden kann, wie schon Perizonius vermuthete: Voluit (Quinctilianus) clarius probare et confirmare, impersonalem (locutionem) non habere initium h. e. vel primam verbi personam: cor, fleor, vel potius nominativum, unde naturaliter initium ducitur omnis locutionis. Ad Sanctium 101, während Spalding 1. 84 und Bonell 6. 428. initium durch Thema erklären, als welches ihnen eor, fleor gilt. Die griechischen Grammatiker waren der Ansicht, dass zu den Verba impersonalia ein Nominativ hinzudenken sei, so bei ἀστράπτει Zeus, weil dergleichen von Zeus herrühre: καθὸ ἡ τοιαύτη ἐνέργεια ἐξαιρέτως τῷ Διὶ ἀναπέμπεται, wie Apollonius, aus dem Anfange des zweiten Jahrhunderts nach Christi Geburt, De syntaxi 101, sagt. In der That findet man die Verba ὕει, βροντᾷ, ἀστράπτει bei Homer nur mit hinzugefügtem Subjecte, meist Zeus Krüger 2. 288. Dergleichen Verba wurden daher von einigen griechischen Grammatikern θεῖα ῥήματα genannt Egger, Apollonius 174. Die Lösung ist bequem, jedoch nur bei den Verben wie ἀστράπτει anwendbar: Ausdrücke wie δεῖ, χρή fügten sich dieser Erklärung nicht, und wurden von griechischen Grammatikern als Adverbia angesehen, eine Ansicht, welche von Apollonius bekämpft wurde Egger, Apollonius 174. 300. Priscian, der muthmasslich in der ersten Hälfte des sechsten Jahrhunderts lebte, schliesst sich den Griechen an: die Verba impersonalia, bei denen „persona sola deficit" 1. 413, beziehen sich auf die durch das Verbum ausgedrückte Handlung: Si quis impersonalia velit penitus inspicere, ad ipsas res verborum referuntur 2. 230. Diese „res verborum" sind nach Priscians und seines Lehrers Theoktist Ansicht Nominative der mit dem Verbum zusammenhangenden Nomina: Impersonalia similiter omnia, quibus nos frequenter utimur, quae ipsa quoque ab hujuscemodi verbis graecorum, id est μέλει, δεῖ, χρή, accepimus, teste sapientissimo domino et doctore meo Theoctisto, quod in institutione artis grammaticae docet, possunt habere intellectum nominativi ipsius rei, quae in verbo intellegitur (Remarque ingénieuse Egger, Apollonius 262.), nam cum dico „curritur", cursus intellego, et sedetur sessio et ambulatur ambulatio et evenit eventus, sic et similia, quae res in omnibus verbis etiam absolutis necesse est ut intellegatur, ut vivo vitam et ambulo ambulationem et sedeo sessionem et curro cursum 2. 231. Wenn in „bellatur comminus armis" zu bellatur der Nominativ gens hinzugefügt werde, so werde aus dem Impersonale ein Passivum: Si addidero nominativum: bellatur gens, transitio fit ab alia ad aliam personam, et incipit esse passivum 2. 231. Dass in „legitur" nur die Handlung ausgedrückt werde, lehrt ein anderer lateinischer Grammatiker: Qui dicit legitur, curritur, agitur, impersonaliter, non id dicit, quid ille aut illa aut illud, sed rem tantum exprimere contentus praetermittit personas, apud quas officium est lectionis aut cursus aut actionis. Incerti fragmentum de verbo in Analecta grammatica ed I. ab Eichenfeld et St. Endlicher 164. Τὸ μόνον ἀποβεβηκέναι τὸ πρᾶγμα δείκνυται ibid. 166. Flavius Sosipater Charisius, aus dem Ende des vierten oder dem Anfange des fünften Jahrhunderts, sagt: Quaedam (verba) sine persona solam rem per tempora ostendunt. Maximus Planudes, aus der ersten Hälfte des vierzehnten Jahrhunderts, dessen Werk als eine Rückübersetzung des Priscian gilt, erkannte den Abgang des Subjectes: Εἰσὶ δέ τινα ῥήματα, ἃ μηδαμῶς ἐμφαίνει τι πρόσωπον, ἃ δὴ καὶ ἀπρόσωπα εἰώθαμεν ὀνομάζειν, ἔχοντα μὲν χαρακτῆρα καὶ τύπον τρίτου προσώπου, ὄντα δὲ οὐδενός· τοῦτο δὲ πάσχουσιν, ὅτι μηδὲ πρῶτα καὶ δεύτερα ἔχει· ἢ γὰρ ἄν, ἐκείνων ὄντων, καὶ ταῦτα τρίτον ἐνέρχινε πρόσωπον· ἀπολιπόντων δέ, καὶ ταῦτα τῆς οἰκείας ἐστερήθη τὸ ἐπὶ τῷ προσώπῳ δυνάμεως, ὃ δὴ καὶ αὐτὸ μέγα πρὸς παράστασιν τῆς ἀσθενείας τοῦ τρίτου προσώπου. ταῦτα δὴ φήσεις εἶναι τὸ δεῖ, τὸ χρὴ κ. τ. ἑ., ἃ καὶ ὅτι μηδενός ἐστι προσώπου, κἀντεῦθεν ἂν μάθοις. τὰ τρίτα πρόσωπα. οἷά που δὴ καὶ τὰ δεύτερα καὶ τὰ πρῶτα ἀμεταβάτως ἀεὶ εὐθείᾳ συντάσσεται· τύπτω γὰρ ἐγὼ λέγω. τούτων δὲ ἐπ' οὐδενὸς εὐθεῖα ἐμφαίνει· δεῖ γάρ μοι χρημάτων λέγομεν, οὔτε τοῦ μοί οὔτε τῶν χρημάτων εὐθείας ὄντων. Περὶ γραμματικῆς διάλογος in Bachmann's Anecdota graeca 2. 47. Derselbe Planudes bemerkt zu ὡς αἰχμῆς ἀπέλαμπ' εὐήκεος II. 22. 319: οὐκ ἔχει τινὰ εὐθεῖαν εἴτε ἐν τῷ λόγῳ εἴτε ἔξωθεν προσεχῶς νοουμένην· λαμβάνεται μέντοι διαλυόμενον ἀντὶ τοῦ λαμπηδὼν ἐξῄει 2. 147. so strahlte es von der Lanzenspitze sie ab hasta (fulgor) emicabat peracuta.

Dasselbe Verbum ist subjectisch II. 6. 295 u. s. w. Den Priscian bekämpfte Augustinus Saturnius „in suo sophistico Mercurio", wie Sanctius sagt, in folgender Weise: Dii te eradicent, Prisciane, cum tua ista doctrina: sic enim primum tollis omnia impersonalia passivae terminationis, nam quibus verbis nominativus ejusmodi intelligitur, ea manifeste sunt personalia; deinde sic omnibus passivam tribuis significationem. verum enim vero ratio tamen isthaec tua, si vera, ea per totam verbi naturam ac declinationem subintelligatur oportet, itaque qui nominativus verbo praesentis temporis per te intelligitur, idem per totam reliquam ejusdem verbi naturam ac declinationem intelligatur necesse est. quare quum Tacitus ait: „procursum est ab hoste", hic ego te, hic te appello, Prisciane, dic, obsecro, tuus iste nominativus an hujusmodi verbis praeteriti perfecti temporis recte intelligi potest? age periculum faciamus: „procursum est procursus". o mentis inops, qui intellectus iste tuus, quae dicendi ratio vel potius quae insania! Sanctii Minerva 305. Die gegen Augustinus Saturnius von Franciscus Sanctius für Priscian vorgebrachten Gründe befriedigen nicht: er lehrt, dass es im Grunde heisse curritur cursus vel potius currere; itur iter; fletur fletus; turbatur turbatio; trepidatur trepidatio; lectum est legere; pluit pluvia 101. 304. 587. 593. Perizonius tritt wieder dem Sanctius, dessen Minerva er commentiert, entgegen: Sciendum non tam verba debere dici impersonalia quam quasdam verborum terminationes aut constructiones. etenim verba vix ulla sunt, quae non admittant aliquando nominativum, h. e. non sint aliquando personalia ad Sanctium 300; und an einer andern Stelle: A nominativo, in quo inest persona, non videntur regi 103. Diejenigen, welche der hier verfochtenen Ansicht beipflichten, werden von Gerardus Ioannis Vossius in seinem Aristarch widerlegt, allerdings auf eigenthümliche Weise: Nec verum est, quod dicunt, personalia esse, quae ante se obtinent nominativum, impersonalia, quae eo destituuntur. quod si esset, innominativa, non impersonalia dici debuissent; sed innominativorum vox inaudita est, nec injuria, quando impersonalia quoque tum activae tum passivae vocis crebro ante se nominativum habent lib. 5. cap. 1. Adde quod, cum nominativus nullus est, haud diffiteri possunt, casum obliquum recti munia praestare: e. g. „miseret me tui" idem est huic „ego misereor tui". Quis, nisi Hypsala caecior, non videt, statur et vivitur idem esse ac stamus et vivimus? in curritur cursus; in itur iter vel via; in sedetur sessio intelligitur. non tamen id in omnibus locum habet. interdum enim contra fit. Cicero in Verrem: „non est ab isto perseveratum", nam „perseveratio est perseveratum" latinum non est. sic cum Tacitus ait: „procursum est ab hoste", nominativus „cursus" subintelligi nequit, etsi recte dicamus: „cursum currere". et tamen in his quoque nominativus potestate inest, cum prioris loci sententia sit: „iste non perseveravit"; posterioris: „hostes procurrerunt". sunt qui et alia ratione ostendere sint conati, in hujuscemodi nominativum intelligi. ajunt enim, per fio et nominativum resolvi posse, quomodo: „procursum est" significat: „cursus est factus". interim diffiteri non possunt, quaedam duriuscule isthoc modo resolvi. sed dixeris parum id referre, dum res ipsa clamet posse sic resolvi. est interea et tertia ratio, qua possit nominativus intelligi vel saltem quod nominativi expleat vicem, nam ut in praesentibus, praeteritis imperfectis et futuris verus intelligitur nominativus, ita in praeteritis perfectis et plusquamperfectis intelligere licet infinitivum pro nomine positum, e. g. cum dico: „pugnatur, pugnabatur et pugnabitur", intelligitur pugna; at in illo: „pugnatum fuit vel pugnatum fuerat" intelligere licet pugnare, quod pro pugna positum ea ratione, qua scire ponitur pro scientia. ut igitur neutro genere dicitur „scire tuum", ita eodem genere dicetur: „pugnare est pugnatum". par ratio in exemplis antea allatis, nam „non est ab isto perseveratum" integre sit: „perseverare non est perseveratum" etc. Ein italienischer Grammatiker, Rinaldo Corso, aus dem sechzehnten Jahrhundert, spricht sich über diesen Gegenstand so aus: Impersonale è quel verbo, il quale seco non comporta persona alcuna prima, seconda, nè terza, ma col suon di questa ultima (quello dico, ch' ella suole avere nel primo numero) mostra alcuni effetti così generalmente: piove, tuona, verna. negli effetti del cielo alcuna volta vi s'aggiugne la persona di Giove, come Giove tuona, Giove piove. alcun' altra, ciò è quando niuna persona vi s'aggiugne, usasi così dire: egli tuona, e' piove. Le osservationi della lingua volgare. In Venetia. 1562. 8. Parte quarta 365. Nach S. Corticelli, Regole, Bologna. 1764. 158, hat ein Theil der Verbi impersonali weder vor noch hinter sich einen Casus, worunter offenbar der Nominativ zu verstehen ist, wie aus der Gegenüberstellung einer anderen Kategorie von Verba impersonalia hervorgeht: Alcuni de' suddetti verbi si trovano col nominativo e talvolta ancora con altro caso dopo. J. Harris, Hermes 175, Seite 144 der deutschen Uebersetzung, leugnet die Existenz der Verba impersonalia überhaupt: The doctrine of impersonal verbs has been justly rejected by the best grammarians, both ancient and modern; bei jedem dieser Verba werde ein eigener Nominativ ergänzt. Sacy nimmt ein dem „commun des hommes" unbekanntes, daher nur unbestimmt ausgedrücktes Subject an, indem er sagt: Les verbes impersonales se mettent (im Arabischen) à la troisième personne et au masculin. On ne doit pas croire que ces verbes n'aient pas véritablement de sujet; car il serait absurde de supposer une proposition qui exprimât un attribut, sans relation à aucun sujet. Il y a donc ici une ellipse. Pour concevoir la raison de cette ellipse il faut faire attention que la plupart des verbes que l'on emploie ainsi, expriment des effets dont les causes ne sont point connues au moins du commun des hommes. Et c'est pour cela que le sujet n'est exprimé que d'une manière indéterminée. Grammaire arabe 2. 245. Wenn man zum Verbum impersonale das Subject sucht, so muss das Verbum selbst das Prädicat sein. Die prädicative Function des Verbum impersonale hat zuerst J. S. Vater ausgesprochen. „Verbum impersonale ist ein Prädicat, welches zwar von einem Subjecte ausgesagt wird, aber von einem völlig unbekannten Gegenstande, z. B. es donnert. Verbum impersonale ist also ein Verbum, welches das Neutrum des Pronomens der dritten Person zum Subjecte hat." Lehrbuch der allgemeinen Grammatik. Halle. 1805. 120; in seinem Versuch einer allgemeinen Sprachlehre. Halle. 1801. 209, meinte Vater, die Ausdrücke „man geht" und „es regnet" unterscheiden sich von einander dadurch, dass in jenem die Subjectsperson, in diesem die Subjectssache unbestimmt sei. A. F. Bernhardi spricht über diesen Gegenstand Sprachlehre. Berlin. 1801. 1. 243 und F. A. Wolf, Eine allgemeine Grammatik, herausgegeben von J. D. Gürtler, Landshut. 1809. 38. 39. K. W. Heyse hat die Ansicht von der Subjectlosigkeit der Verba impersonalia in dem Lehrbuch der deutschen Sprache ausgesprochen, indem er sagt: Wahrhaft impersonal ist der Ausdruck nur dann, wenn das mit „es" und seinem abhängigen Casus verbundene Verbum ohne Hinzufügung oder Hinzudenkung eines wirklichen Subjectes oder Subjectsatzes einen vollständigen Sinn gibt: es ekelt mir. Ausdrücke, die ohne Hinzudenkung eines Subjectes oder Subjectsatzes keinen vollständigen Sinn geben, hingegen sind nicht impersonal: es ahndet mir, gefällt mir u. s. w. 2. 146. Echte Impersonalia sind solche Verba, bei denen an der Stelle des „es" kein bestimmtes Subject gedacht werden kann 1. 661. In „es hungert mich" ist logisch betrachtet das in abhängigem Casus hinzugefügte Gegenstandswort wahres Subject; seiner grammatischen Form nach hingegen ist der obige Satz nicht minder subjectlos als die durch subjective Impersonalia gebildeten Sätze 2. 17. Die durch objective Impersonalia gebildeten Sätze sind formell betrachtet Existentialsätze, in denen das Sein eines Vorganges oder Zustandes (es friert) nur durch die Beziehung desselben auf ein Object (mich) näher bestimmt ist 2. 5. Dieselbe Ansicht hat Heyse in seinem System der Sprachwissenschaft 401. festgehalten: Die Verba impersonalia würde man besser subjectlose Verba nennen. Es gibt nämlich zeitliche Vorgänge oder Erscheinungen, die ihrer Natur nach keinem Subjecte angehören: es regnet. Das „es" nimmt hier nur die vacante Stelle des Subjectes ein, ohne einen wirklichen Gegenstand zu bezeichnen. Auch andere Vorgänge, welche in Wahrheit ein Subject haben, können so subjectlos aufgestellt werden: es schlägt vier (d. i. die Uhr); so besonders passivisch: es wurde gespielt. Durch den subjectlosen Ausdruck entsteht die einfachste, unvollkommenste Art der Sätze, eine Form des Existentialsatzes, welche ein blosses Sein oder Werden, einen Vorgang ohne Subject darstellt. Girault-Duvivier behauptet gleichfalls den Mangel des Subjectes in den hier in Frage stehenden Sätzen: Dans les verbes unipersonnels (μονοπρόσωπα, μονοσχημάτιστα Apollonius περὶ ἐπιρρήματος 541) le pronom „il" ne tient la place d'aucun nom et n'est pas réellement le sujet du verbe, c'est une espèce de mot indicatif qui équivaut à ceci, et qui annonce simplement le sujet du verbe. vi. éd. 505. Nach einer andern Ansicht ist die Vorstellung der durch das Verbum ausgedrückten Handlung oder Erscheinung das Subject des Satzes: Le sujet de cette proposition n'est autre que l'idée d'une action ou d'un phénomène exprimé par le verbe; so stehe βροντᾷ für βροντὴ γίγνεται; tonat für tonitru fit; peccatur für peccatum fit; pudet für pudor habet. Es nehme daher gewissermassen das Nomen eine Verbalendung an und werde conjugiert: desshalb habe man die Verba impersonalia sujets conjugués genannt, und diese Benennung werde sich als richtig erweisen, wenn man Ausdrücke vergleiche wie ἀνάγκη (ἐστί) mit δεῖ, opus est mit oportet Egger, Notions élémentaires de grammaire comparée 84. Nach Buttmann, Griech. Grammatik 361, wird bei einigen Impersonalia das Subject im Dunkeln gelassen: δεῖ, wobei man nicht etwa Ζεύς als ausgelassen ansehen müsse, während bei andern die Handlung, auf die sie sich beziehen, sie sei durch einen Infinitiv- oder andern abhängigen Satz ausgedrückt, das wahre Subject sei: ἔξεστί μοι ἀπιέναι d. h. τὸ ἀπιέναι ἔξεστί μοι. Die Eigenthümlichkeit solcher Verba bestehe daher darin, dass ihr Subject kein Nomen ist. K. W. Krüger hat sich, wie es scheint, nirgends über das Wesen der Impersonalia ausgesprochen: er erkennt in Sätzen wie σοὶ ἀκμή φιλοσοφεῖν das Nomen ἀκμή als Prädicat an 2. 105; in ἰστέον τὴν τύχην sieht er die unpersönliche Construction 2. 230; zu ὕει ergänzte nach seiner Ansicht der Grieche θεός oder Ζεύς 2. 259; in andern fehle das Subject „es" Thucyd. 326. Nach Schoemann, Die Lehre von den Redetheilen 29, liegt in dem Verbum ὕει keineswegs dies, dass die Thätigkeit von irgend einem im dritten Personenverhältnisse stehenden Dinge ausgeübt und diesem als Prädicat zugeschrieben werde, sondern der Begriff des Subjectes und der Begriff der Thätigkeit seien eins und dasselbe.

Die Ansicht von der Ursprünglichkeit des subjectlosen Gebrauches von Verben wie illucescit ist in Bezug auf die indogermanischen Sprachen und für die Phase derselben, die wir zu überschauen vermögen, von Th. Benfey in den Göttingischen gelehrten Anzeigen 1865. 1778—1792 in einer Recension der ersten Auflage dieser Abhandlung ausführlich bekämpft worden. Eine genaue Erwägung der Entwicklung der indogermanischen Sprachen, sagt der hochverdiente Sprachforscher, und Berücksichtigung der historischen Anhaltspunkte, welche sich für die specielle Geschichte der subjectlosen Verba erkennen lassen, „scheinen ihm fast mit Entschiedenheit" gegen die Ursprünglichkeit des subjectlosen Gebrauchs von Verben zu sprechen. Benfey gibt ausdrücklich zu, dass in Sätzen wie „es donnert" ein von nichts anderem ausgehendes Geschehen ausgesprochen wird, dass demnach diese Sätze subjectlos sind: daraus folge jedoch die Ursprünglichkeit dieser Auffassung nicht; diese Auffassung könne sich aus einer andern Wendung hervorgebildet und dann als Kategorie in dem angegebenen Sinne befestigt und immer weiter verbreitet haben. Die Nothwendigkeit, Sätze zu sprechen, denen ein Subject im logischen Sinne fehlt, sei so alt wie die Sprache: daraus folge jedoch nicht, dass in bestimmten Sprachen oder in bestimmten Phasen derselben Sprache das Subject auch in sprachlichem Sinne fehlen konnte. Aus dem indogermanischen Verbalsystem in der uns bekannten Phase ergebe sich, dass die Verbalform in der I. und II. Person stets ein Subject enthält, in der III. ein solches voraussetzt und zum Verständniss eines Objectes bedürfte: es könne daher der subjectlose Gebrauch des Verbum schon darum in dieser Phase nicht ursprünglich gewesen sein, sondern müsse erst einer spätern Entwicklung angehören. Für diese Ansicht spreche die Erscheinung, dass in den früher fixierten indogermanischen Sprachen der subjectlose Gebrauch von Verben bei weitem weniger entwickelt sei als in den später fixierten. In dem vielleicht zuerst fixierten Sanskrit finde sich der subjectlose Gebrauch von Verben nur in dem spät entwickelten speciellen Passiv und auch hier nur in dem von intransitiven Verben wie bhūjate. Selbst die Naturerscheinungen bezeichnenden Verba traten fast ohne Ausnahme nur mit Subjecten auf: mēghā varšanti. Benfey erklärt, ihm seien nur vier Stellen bekannt, in denen vi djōtatē es blitzt, stanajati es donnert, und varšati es regnet impersonell erscheinen, und selbst in diesen töne ein Subject als Urheber dieser Vorgänge — udgītha, tēdžas — ziemlich stark durch. Im Zend erinnert sich Benfey nicht irgend ein eigentliches Impersonale gefunden zu haben; die Naturvorgänge bezeichnenden Verba erscheinen hier zwar ebenfalls ohne Subject, aber in der III. plur.: vārenti es regnet, çnaēzhinti es schneit. Im Griechischen erscheine schon eine beträchtliche Anzahl subjectlos gebrauchter Verba, allein im Homer seien die Verba der Naturerscheinungen wie ἀστράπτει, βροντᾷ, ὕει noch mit einem Subject gebraucht, gewöhnlich mit Ζεύς. Im Lateinischen sei die Zahl noch grösser, und im Deutschen lasse sich die Zunahme in den einzelnen Stadien der Geschichte der deutschen Sprache verfolgen. Benfey gibt demnach zu, dass Sätze ohne logisches Subject ebenso alt seien wie die Sprache, meint jedoch, dass in den indoeuropäischen Sprachen ursprünglich das Subject in sprachlichem Sinne nicht fehlen konnte, und dass die später in Menge auftauchenden subjectlosen Sätze sich aus einer andern Wendung als eine eigene Kategorie entwickelt haben: subjectlose Sätze seien entstanden aus Sätzen, deren Subject als selbstverständlich später ausgelassen wurde wie Ζεύς; aus Sätzen, deren Subject nichts weiter war als eine Ableitung des Verbum selbst wie vidjut Blitz bei vi djōtatē es blitzt; aus Sätzen, deren Subject nur durch ein Nomen hätte ausgedrückt werden können, welches der Bedeutung nach mit einer Ableitung des Verbum selbst identisch sein würde, wie „es wird gegangen" wesentlich nichts anders sei als „ein Gang wird gegangen".

Gegen das ursprüngliche Fehlen des sprachlichen Subjectes und für die spätere Entwicklung des subjectlosen Gebrauches von

Verben führt Benfey zwei Gründe an, und zwar: 1. tritt das Verbum als ein durch Subject und Object bestimmtes auf; 2. ist der subjectlose Gebrauch des Verbum in den früher fixierten Sprachen bei weitem weniger entwickelt als in den später fixierten. Was den ersten Grund anlangt, so scheint mir die dritte Person überall dort einzutreten, wo weder die erste noch die zweite Anwendung findet, dem passend sogenannten Neutrum vergleichbar. Benfey selbst statuiert einen Unterschied zwischen der ersten und zweiten und der dritten Person, indem jede der beiden ersten ein Subject enthalte, die dritte ein solches voraussetze. Ich kann nicht umhin hier zu bemerken, dass es Sprachen gibt, die zwar Personalsuffixe der ersten und zweiten Person besitzen, denen jedoch ein Suffix der dritten Person des Singulars fehlt: magy. csalok, csalsz, csal; csaltam, csaltál, csalt u. s. w. Einen Gegensatz zwischen der dritten Person und den andern Personen Sing. wird man wohl auch dann zugeben, wenn man csal, csalt als Nomina erkannt hat Steinthal, Charakteristik 194. Es scheint mir demnach aus dem Suffix der dritten Person Sing. nicht zu folgen, dass der Satz ein Subject haben müsse. Über den zweiten, aus der Sprachgeschichte hergeholten Grund ist zu bemerken, dass im Altindischen die Verba vi djōtatē es blitzt, stanajati es donnert und varšati es regnet kein Subject haben, ein solches nur postuliert wird, und zwar, wie es scheint, gegen die Analogie, da ja mit dem Subject der Plural eintritt: mēghā varšanti die Wolken regnen u. s. w., wie dies im Zend ohne Subject der Fall ist: vārenti es regnet u. s. w. Wer aind. varšati neben ὕει, pluit, es regnet stellt, wird, wenn er in dem griechischen, lateinischen und deutschen Verbum einen subjectlosen Satz erkannt hat, einen solchen auch im aind. Verbum erkennen: das mehreren Sprachen gemeinsame wird in andern Dingen als das alte angesehen. Der Satz, dass der subjectlose Gebrauch von Verben im Laufe der Zeit immer häufiger wird, ist nach meiner Ansicht unbeweisbar; eher möchte derjenige, der etwa Italienisch mit Lateinisch vergleicht, das Gegentheil anzunehmen geneigt sein. Benfey meint, im Deutschen lasse sich die Zunahme der subjectlosen Sätze in den einzelnen Stadien der Geschichte der Sprache verfolgen. Es käme auf den Versuch an, der jedoch schwerlich ein zuverlässiges Resultat ergäbe, da uns der Thatbestand in den jüngeren Stadien vollständiger bekannt ist als in den älteren. Manche subjectlose Construction ist der Sprache abhanden gekommen, wie das gothische ni vas im barne luc. 1. 7. jetzt subjectisch wiedergegeben werden muss: sie hatten kein Kind. „Im nord. wird die impersonale Wendung bei Zuständen und Veränderungen, die nicht oder nicht allein vom handelnden Menschen abhangen, der persönlichen in einem Umfange vorgezogen, dem wir nicht nachkommen können, den vielleicht keine alte Sprache theilt." Dietrich, Zeitschrift für deutsches Alterthum VIII. 23. Die germanischen und slavischen Sprachen haben die subjectlosen Fügungen am reichsten entwickelt, und hinsichtlich der letzteren darf behauptet werden, dass sie an solchen Constructionen desto reicher sind, je mehr sie dem Einfluss des von den classischen Sprachen mittelbar und unmittelbar abhängigen Europäismus entzogen sind, so ist Russisch daran reicher als Čechisch; dass ferner die Volksliteratur der slavischen Sprachen — ähnliches wird auch anderwärts gelten — subjectlose Sätze viel häufiger gebraucht als die der Einwirkung fremder Literaturen ausgesetzte Schriftsprache. In manchen Sprachen ist die Häufigkeit des subjectlosen Ausdruckes in Abnahme begriffen: so bietet das Englische in der Bibelübersetzung it repented the Lord, it repenteth me, während es heute das Verbum to repent nur subjectisch gebraucht; ebenso frz. je me repens, it. mi pento für lat. poenitet me. Der subjectlosen Ausdrucksweise scheint das Griechische wenig geneigt zu sein: wenn jedoch Kühner 2. 33. behauptet, unpersönliche Verba kenne die griechische Sprache nicht, so hat er allerdings recht, allein nur hinsichtlich der von ihm angeführten Beispiele. Ich füge hinzu, dass Prof. Vahlen im Hermes 14. 210. die Ansicht geäussert hat, dass eine planmässig angelegte und über mehrere Autoren erstreckte Beobachtung der subjectlosen Verba noch viel nützliches zu Tage fördern und beispielsweise ein Schriftsteller wie Herodot reiche Ausbeute gewähren würde. Ausserdem will ich bemerken, dass nach meiner Ansicht Benfey, der für die alleralteste Zeit Sätze (Urtheile) ohne logisches Subject zugibt, auch Sätze ohne grammatisches Subject hätte zugeben sollen: denn woher nähme die Sprache ihr Subject, wenn ihr der Gedanke, das Urtheil kein solches böte? Die Schwierigkeit, das grammatische Subject in Sätzen, die wir für subjectlos halten, zu finden, muss in der That sehr gross sein, wenn es wahr ist, dass Schleiermacher einst gesagt hat, in solchen Fällen sei das Chaos Subject. Der Zusammenhang zwischen Urtheil und Satz kann überschätzt, er darf jedoch nicht geleugnet werden. Was die Wendungen anlangt, aus denen sich die subjectlosen Sätze entwickelt haben sollen, so meint Benfey, bei den sogenannten Verba naturae sei ursprünglich Indra, Ζεὺς Subject gewesen: das Neutrum „es" sowie das slavische grъmělo je es (nicht „er") donnerte habe seinen Grund darin, dass etwa aind. nicht nur das mase. Indra, sondern auch das Neutrum abhra als Subject der genannten Verba habe gebraucht werden können, und dass sich daraus das Neutrum erkläre, das ja als Prädicat auftrete, wenn das Subject durch Nomina von verschiedenem Genus gebildet wird. Diese Deutung scheint mir allzu gesucht und trotz der angeführten Stelle aus dem Vēda einer spätern Zeit angehörig. Das Neutrum des Verbums kann übrigens seine Anwendung auch seiner Stellung unmittelbar vor einem Neutrum verdanken.

O. Erdmann spricht sich in seiner Preisschrift „Untersuchungen über die Syntax der Sprache Otfrid's" 2. 61. über den Gegenstand dieser Abhandlung in folgender Weise aus: „Zu erinnern ist, dass gerade auch im Deutschen nicht selten subjectlose Sätze für den Ausdruck bestimmter Handlungen ausgebildet sind, in denen eben ein in dieser Weise thätiger Gegenstand nicht vorgestellt wurde, sondern entweder gar kein Nomen mit dem Verbum verbunden ist, oder nur eines im Accus., bisweilen im Dat. einen Gegenstand (in vielen Fällen eine Person) als von der Handlung betroffen oder an ihr betheiligt darstellt; und in verschiedenen Stellen Otfrid's glaube ich Spuren einer in früherer Zeit noch grösseren Ausdehnung und kühneren Anwendung der subjectlosen Sätze gefunden zu haben." Man vergleiche 29—31.

Von Philosophen des Alterthums haben nach Steinthal, Geschichte der Sprachwissenschaft bei den Griechen und Römern 299. XXI, die Stoiker zuerst die Impersonalia hervorgehoben; die übrigen Philosophen scheinen nur dem Existentialsatze ihre Aufmerksamkeit zugewandt zu haben. Da ich im Aristoteles nicht belesen bin, mir daher das Verständniss dieses Philosophen abgeht, so setze ich dasjenige hieher, was ich in Prantl's Geschichte der Logik 1. 355. über die betreffenden Lehren des Aristoteles und des Eudemus finde. „Während bei Aristoteles das ἔστι und οὐκ ἔστι jedem andern Verbum gleichsteht und nur in Bezug auf die Stellung der Negation Untersuchungen nöthig sind, falls das „ist" mit einem anderweitigen prädicativen Worte verbunden wird und das Urtheil dann drei Bestandtheile hat, legte Eudemus einmahl ein besonderes Gewicht darauf, dass in dem Existentialsatze das ἔστι wirklich selbst schon Prädicat und mithin einer der beiden Termini ὅροι des Urtheils sei, dann aber scheint er selbst für das aus Subject, Prädicat und Copula bestehende Urtheil eine ähnliche Ansicht geltend gemacht zu haben, nämlich dass in solchen Sätzen das ἔστι nicht bloss, wie Aristoteles sich ausdrückt, als dritter Bestandtheil im prädicierenden Urtheile auftritt (τρίτον προσκατηγορεῖται), sondern dass es auch da irgendwie als ein selbst prädiciertes bezeichnet werden könne." Die Stelle bei Eudemus lautet: Εὔδημος δὲ ἐν τῷ πρώτῳ περὶ λέξεως δείκνυσι διὰ πλειόνων, ὅτι τὸ ἔστιν ἐν ταῖς ἁπλαῖς προτάσεσι κατηγορεῖται καὶ ὅρος ἐστίν, οἷον Σωκράτης ἔστι, Σωκράτης οὐκ ἔστι. Man vergleiche Fr. Brentano, Psychologie I. 281.

Unter den Philosophen der neuern Zeit war Herbart in dem 1813 zuerst erschienenen Lehrbuche zur Einleitung in die Philosophie der erste, der der sogenannten unpersönlichen Ausdrucksweise überhaupt seine Aufmerksamkeit zugewandt und die Subjectlosigkeit derselben anerkannt hat. Auf ihr beruht nach Herbart ein wesentlicher Theil der Einsicht in die Natur der Syllogismen, und der Gegenstand hat selbst auf Metaphysik eine wichtige Beziehung. Diese Ausdrucksweise lässt eine gebildete Sprache nur in seltenen Fällen deutlich hervortreten; sie ist jedoch in dem natürlichen Gedankengange psychologisch gegründet und lässt sich rein logisch aus den Verhältnissen der Begriffe entwickeln. Sie ist der Ausdruck dessen, was unmittelbar erscheint: es scheint; dass sie seltener ist, als man aus dem gesagten folgern möchte, kommt daher, dass wir gewohnt sind in die Auffassung dessen, was unmittelbar erscheint, unsere früher erlangten Kenntnisse einzumengen und uns dadurch Subjecte zu verschaffen, wo das gegebene keine enthält: die Sonne scheint. Was die Entwickelung dieser Ausdrucksweise aus Begriffen anlangt, so geht Herbart von dem Satze aus, dass in jedem Urtheile das Prädicat allemahl in beschränktem Sinne gedacht wird, nämlich nur in so ferne es an das bestimmte Subject soll angeknüpft werden. Die Beschränkung des Prädicates muss daher mit dem Subjecte wachsen und abnehmen. Diese Beschränkung ist aufgehoben, wenn der Inhalt des Subjectbegriffes verschwindet: das Prädicat wird unbedingt aufgestellt, es steht für sich allein: es sind Menschen. Das Verbum bezeichnet hier den Begriff „sein", und es ist unrichtig diesen Begriff für das ursprüngliche Prädicat zu halten. Wichtig für unsere Frage ist das Resultat, dass es Sätze gibt, die kein Subject haben. In ähnlicher Weise hat sich Trendelenburg ausgesprochen: nach seiner Ansicht bildet in den sogenannten unpersönlichen Verben die Thätigkeit allein das Urtheil. In diesen Urtheilen, die nicht angeben, woher die Thätigkeit stammt, ist der Keim der weiteren Bildung zu suchen. Trendelenburg scheidet unvollständige (subjectlose) Urtheile von den vollständigen, indem er sagt: Wenn man nur die vollständige Form des Urtheiles zum Massstab nimmt, so wird man sich dagegen sträuben das subjectlose Urtheil als Urtheil anzusehen. Indessen auch im vollständigen Urtheile ist das Prädicat, welches die Thätigkeit darstellt, der Hauptbegriff, wie die vorwiegende Betonung das Prädicat zur lebendigen Seele des Satzes macht. Wir denken in Prädicaten. Dieser Hauptbegriff erscheint im Ursprunge allein, bis die Reflexion die Ableitung beginnt und Dinge und Thätigkeiten in Verbindung setzt. Auch an einer andern Stelle spricht derselbe Philosoph dem subjectlosen Urtheile die volle Geltung eines Urtheils ab, indem er bemerkt: Auf diese Weise (da nämlich jedem Begriffe ein Urtheil vorangeht) ist das Rudiment eines Urtheils das erste: es blitzt. Indem es sich zum Begriffe fixiert: Blitz, begründet es das vollständige Urtheil: der Blitz wird durch Eisen geleitet. Logische Untersuchungen u. 205—215. Wichtig für die vorliegende Frage ist der Nachweis von der Ursprünglichkeit subjectloser Urtheile und subjectloser Sätze. Die Ergebnisse der Logik scheint die Sprache zu bestätigen, indem die Dinge als Thätigkeiten dargestellt werden: animus und ἄνεμος als das Wehende, woraus folgt, dass die Thätigkeiten als das Ursprüngliche zu denken sind, was wieder auf den Gedanken von der Ursprünglichkeit subjectloser Sätze, d. h. von Thätigkeiten ohne Dinge führt, ein Gedanke, den man abweist, so lange man die Ursprünglichkeit von subjectlosen Sätzen mit Steinthal in Abrede stellt, nach dessen später ausdrücklich zurückgenommenen Ansicht (Grammatik, Logik und Psychologie 206) man eher gesagt hat: Zeus oder der Himmel blitzt, als: es blitzt, indem der ursprüngliche Mensch unfähig gewesen sei ein subjectloses Prädicat zu erfassen, und zu jeder Thätigkeit unmittelbar ein thuendes Subject hinzudichtete.

Herbart's Ansichten sind von Steinthal in dem bezeichneten Werke 200—211 scharfsinnig bekämpft worden. Derselbe sagt 204: Der Unterschied zwischen subjectlosen Sätzen und den Sätzen mit Subject ist ein rein grammatischer. Alle Sätze sind Existentialsätze; die subjectlosen Sätze (es gibt also deren) aber sind zugleich Existentialurtheile, wiewohl diese auch in gewöhnlicher Satzform erscheinen. In der Überzeugung, dass Steinthal subjectlose Sätze zugibt, werden wir allerdings wankend gemacht durch folgende Bemerkung 211: Es friert ist bald Qualitäts-, bald Existentialurtheil. Grammatisch genommen bleibt allemal, in diesem oder jenem Falle, „es" das Subject, „friert" das Prädicat („es friert" ist demnach kein subjectloser Satz). Aber die Logik muss zwar in dem Falle, wo „es friert" ein Qualitätsurtheil ist, in „friert" ein Prädicat sehen; in dem andern Falle aber, im Existentialurtheile, muss sie darin ein Subject erkennen, dem die Existenz als Prädicat zugeschrieben wird: denn „friert" heisst „Frieren ist". Das „ist" fehlt aber. Wir hätten also in den Existentialurtheilen kein absolutes Prädicat, sondern ein absolut gesetztes Subject, wie z. B. auch in „es sind Menschen" das Subject „Menschen" ist, dem das Prädicat der Existenz angeknüpft wird; denn „es" ist logisch genommen gar nichts. Es will uns bedünken, als ob „es" auch grammatisch nicht jene Bedeutung hätte, die ihm von Steinthal zugeschrieben wird: man beachte nur den bereits angeführten Umstand, dass den meisten Sprachen ein Äquivalent dafür fehlt.

Steinthal bekämpft in seiner Anzeige der ersten Ausgabe dieser Schrift (Zeitschrift für Völkerpsychologie [1866] 4. 235—242, Kleinere Schriften 1. 421—428) vor Allem die Ansicht, es gebe subjectlose Urtheile, indem das Urtheil eine Verbindung zweier Begriffe in der Form von Subject und Prädicat sei. Im sogenannten Impersonale hätten wir logisch genommen nicht ein subjectloses Urtheil, sondern einen absolut gesetzten Begriff, der als Subject gelten muss, während sein Prädicat nichts anderes ist, als die logische Thätigkeit der absoluten Setzung. Schwieriger als die logische sei die grammatische Betrachtung. Aus dem Personalzeichen des Verbum folge das Dasein des Subjectes, und die Anomalie eines Satzes ohne Subject sei daher zurückzuweisen: das Subject sei zu suchen. Ausgehend von der Ansicht J. Grimm's über die Bedeutung des Neutrum sagt Steinthal: „Die Sprache erklärt irgend eine Erscheinung, einen Vorgang als That irgend eines unbekannten Subjectes, eines Subjectes, das als geheimnissvoll oder unbekannt nur angedeutet wird: eines Subjectes, das man nicht denken kann oder nicht denken soll. Die Sprache kann nicht anders als auch in solchen Fällen zur Handlung ein Subject zu setzen."

Hinsichtlich des ersten Punktes habe ich Folgendes zu bemerken: ich kann nicht zugeben, dass die logische Thätigkeit der absoluten Setzung eines Begriffes ein Prädicat dieses Begriffes sei, und kann daher in Urtheilen, in denen ein Begriff absolut gesetzt wird, nur einen Begriff erkennen. Ich glaube in diesem Punkte Kant und Herbart auf meiner Seite zu haben. Kant sagt: „Sein ist offenbar kein reales Prädicat, d. i. ein Begriff von irgend etwas, das zu dem Begriffe eines Dinges hinzukommen könne. Es ist blos die Position eines Dinges oder gewisser Bestimmungen an sich selbst." Herbart, Schriften zur Einleitung in die Philosophie 104—106 zeigt, dass, wenn der Inhalt des Subjectsbegriffes verschwindet, wenn nicht angegeben wird, was friert, das Prädicat unbeschränkt, unbedingt aufgestellt wird: das Prädicat steht für sich allein und selbständig da. Es hat kein Subject und ist kein Subject. Wenn man diesen selbständig, ohne Subject aufgestellten Begriff ein Prädicat nennt, so geschieht es, weil es in einem zweigliedrigen Urtheile Prädicat wäre: der See friert. Andere erkennen in „es friert" eine Aussage schlechthin, aber kein Prädicat, weil ein Subject fehle: da die Aussage ein Urtheil sein muss, so haben wir nach der Ansicht dieser Logiker ein Urtheil schlechthin, ein Urtheil, dem das Subject fehlt, ein Satz, den wir ja selbst vertheidigen. Es bedarf wohl nicht besonders hervorgehoben zu werden, dass eingliedrige Urtheile zwar auf die von Herbart dargestellte Weise construiert werden können, dass sie jedoch auf diese Weise nicht entstehen, dass sie vielmehr, wie Herbart selbst sagt, „in dem natürlichen Gedankengange psychologisch begründet" sind: wir nehmen Erscheinungen wahr und sprechen unsere Wahrnehmungen aus, ohne nach dem Urheber der Erscheinung zu fragen: „es rauscht" im Gegensatze zu „der Bach rauscht". Nun entsteht die Frage: „kann derjenige, der in „es rauscht" nur einen Begriff erkennt, diesen Satz als Urtheil anerkennen?" Nach dem Sprachgebrauch ist „es rauscht" eben so gut ein Urtheil wie „der Bach rauscht". Dagegen wird behauptet, in „es rauscht" liege ein primitives, kein völlig entwickeltes Urtheil, überhaupt nicht das vor, was die Logik streng genommen ein Urtheil nennt; Herbart sagt, es sei kein gewöhnliches Urtheil. Wenn man das Urtheil auf der Verknüpfung zweier Begriffe beruhen lässt, darf man „es rauscht" gar nicht als Urtheil, auch nicht als ein ungewöhnliches anerkennen. Wer fordert, dass die Definition des Urtheils alle Urtheile, daher auch die ungewöhnlichen unter sich begreife, wird sich nach einer Definition umsehen, die von der Zweigliedrigkeit absieht. Die Inconsequenz Herbart's, nach dessen Definition das

Urtheil zweigliedrig ist, Subject und Prädicat enthält, befremdet um so mehr, als nach seiner Lehre auf den „ungewöhnlichen" eingliedrigen Urtheilen „ein wesentlicher Theil der Einsicht in die Natur der Syllogismen beruht und der Gegenstand selbst auf Metaphysik eine wichtige Beziehung hat." Wenn man mit Fr. Brentano, Psychologie ı. 262, sagt: „Urtheilen ist etwas (als wahr) annehmen oder (als falsch) verwerfen", so hat man eine adaequate, weil alle, auch die „ungewöhnlichen" Urtheile in sich schliessende Definition des Urtheils. Das Annehmen oder Verwerfen geschieht durch Setzung eines Begriffes oder durch Setzung zweier sich zu einander wie Subject und Prädicat verhaltenden Begriffe: jenes findet statt in „es rauscht", dieses in „der Bach rauscht". Jenes Urtheil nenne ich eingliedrig, dieses zweigliedrig.

Übrigens steht Herbart mit seiner Lehre von Urtheilen ohne Subjectbegriff nicht allein. Fr. Brentano hat diesen Gegenstand in seiner Psychologie ı. 276—306 ausführlich behandelt und erkannt, „es sei unrichtig, dass bei allem Urtheilen eine Verbindung oder Trennung vorgestellter Merkmahle statt habe; auch ein einzelnes Merkmahl, das wir vorstellen, könne anerkannt oder verworfen werden" 276. Dies geschehe in den Existentialsätzen, deren Geschichte bis Aristoteles zurückreiche. „Anklänge an die richtige Auffassung der Existentialsätze," sagt Brentano 281, „finden sich schon bei Aristoteles. Doch scheint er noch nicht zu voller Klarheit über sie gelangt zu sein. In seiner Metaphysik Θ, 10 lehrt er, dass, da die Wahrheit des Denkens in seiner Übereinstimmung mit den Dingen bestehe, die Erkenntniss einfacher Gegenstände im Gegensatze zu andern Erkenntnissen nicht eine Verbindung oder Trennung von Merkmahlen, sondern einfaches Denken, ein Wahrnehmen (er nennt es Berühren, θιγεῖν) sein müsse. In der Schrift „De interpretatione", cap. ııı, spricht er klar aus, dass das „Sein" der Copula nicht etwas für sich bedeute wie ein Name, sondern nur den Ausdruck eines Urtheils ergänze, und von diesem „Sein" der Copula hat er das „Sein" im Existentialsatze nie als etwas wesentlich anderes und als etwas, was schon für sich eine Bedeutung habe, unterschieden. Zeller sagt mit Recht: „Dass jeder Satz, selbst der Existentialsatz, logisch betrachtet aus drei Bestandtheilen besteht, sagt Aristoteles nirgends". Und er macht darauf aufmerksam, wie vielmehr manches eine entgegengesetzte Ansicht bei Aristoteles erkennen lasse. Philosophie der Griechen ıı. 2. 158. Wäre dies richtig, so würde Aristoteles hiedurch nicht hinter der Lehre der gewöhnlichen späteren Logik zurückstehen, wie Zeller zu glauben scheint, sondern im Gegentheile hier wie in manchem andern Punkte eine richtigere Anschauung anticipiert haben. Man vergleiche auch die Reproduction der Aristotelischen Lehre bei Thomas von Aquin: „Summa theologiae P. 1. G. 85. A. 5." Wer das hier über das Wesen des Urtheils vorgetragene als richtig anerkennt, wird an die Stelle von Kant's Ansicht, die Logik habe seit Aristoteles keine Fortschritte gemacht, die Ansicht setzen, sie habe seit jenem grossen Denker Rückschritte gemacht.

Ich habe diesen Gegenstand behandelt, weil ich in der richtigen Auffassung vom Wesen des Urtheils eine Stütze für meine Darstellung der subjectlosen Sätze gefunden zu haben glaube. Die früher sehr überschätzten Wechselbeziehungen zwischen Logik und Grammatik werden nun, wie mir scheint, mit Unrecht gänzlich abgeleugnet auf Grund der Darlegungen Steinthal's in seinem Buche: „Grammatik, Logik und Psychologie" 1855, womit das in „Charakteristik der hauptsächlichsten Typen des Sprachbaues" 1860. 92—105 gesagte zu vergleichen ist.

Was Steinthal's grammatische Einwendungen anlangt, so habe ich meine Ansicht über den Zusammenhang zwischen der dritten Person und dem Subjecte schon oben ausgesprochen und bemerke hier, dass der Aufforderung das Subject der von mir subjectlos genannten Sätze zu suchen von den Grammatikern mit eben so grossem Eifer als geringem Erfolge entsprochen worden ist. Und wenn gesagt wird, eine Erscheinung werde von der Sprache als That irgend eines unbekannten Subjects erklärt, so darf darauf hingewiesen werden, dass es sich in einer grossen Anzahl von subjectlosen Sätzen gar nicht um Thaten, sondern um Zustände handelt, und dass man in Sätzen wie „es geht mir gut" nicht von der Wirkung irgend eines Subjectes, einer causa occulta spricht. In dem Satze „es fehlt an Geld" soll logisch entschieden „Geld" das Subject sein, was vielleicht nicht alle Logiker zugeben werden, grammatisch hingegen ein angedeutetes, aber als undenkbar angedeutetes etwas. Wir werden wohl nicht zu viel sagen, wenn wir behaupten, mit undenkbarem operiere die Grammatik nicht und der Satz sei grammatisch subjectlos.

Wie die Schulmeister den angeführten Satz mit ihrer auch für die „gewöhnlichen" Urtheile falschen Trinitätslehre „Subject, Copula, Prädicat" in Einklang bringen, ist mir unbekannt: ich denke mir, dass die Denkenden unter ihnen sich in einiger Verlegenheit befinden. Von meinem Standpunkte aus ist zu sagen: der Satz „es fehlt mir an Geld" ist subjectlos, das Verbum „es fehlt" bezeichnet einen Zustand, die von diesem Zustande betroffene Person wird durch ein Nomen im Dativ, die Sache durch ein Nomen mit einer Präposition ausgedrückt; in „mich dürstet" bezeichnet „dürstet" gleichfalls einen Zustand, die Person steht im Accus.; ebenso ist pudet me zu erklären; das gleiche gilt von aliqua consilia reperiendum est. In „il m'en cuit" ist „il cuit" das den Zustand bezeichnende, durch „me" wird die Person, durch „en" die Sache ausgedrückt. Es will mich bedünken, dass die richtige Erklärung von dergleichen Sätzen den Schülern leichter beigebracht werden könnte als die Entstehung von πατράσι für πατρασί aus patrsí.

In C. L. Kannegiesser's Dissertation „De verbis impersonalibus" Vratislaviae. 1823, einer Schrift, die ungewöhnlich viel richtiges enthält, wird ein neuer, wie mir scheint, verzweifelter Versuch gemacht, für die sogenannten Verba impersonalia ein Subject zu gewinnen. „Sed quamvis," heisst es daselbst 34, „haec explicatio de substantivo verbi ipsius actionem indicante (d. i. *cursus curritur*) vel de infinitivo (d. i. τὸ *currere curritur*) vel de incerta aliqua causa tanquam subjecto impersonalium probabilis videatur et aliquam speciem prae se ferat, accuratius tamen fortasse subjectum constituemus, quando ad ea tempora respicimus, quae participio et verbo auxiliari fiunt ex. c. *pugnatum est*. Nonne participium in hoc tempore verum subjectum, verbum auxiliare autem non copula, sed praedicatum vel verbum substantivum est, ita ut locutio ita interpretanda sit: τὸ *pugnatum est*, i. e. *adest, existit, das Gestrittene ist vorhanden.* Inde si Sanctius addit et explet locutionem *cursum est* per τὸ *currere cursum est*, equidem in ipsis his duabus vocibus agnosco subjectum, scilicet participium *cursum*. Hac explicatione lux affertur et constructioni nominativi gerundii latini et verbalium graecorum in τὸς atque τέος. Nam ποιητέον ἐστί vel *faciendum est* nihil aliud est nisi τὸ *faciendum est* vel *adest alicui* vel *ab aliquo, das zu thuende, etwas zu thuendes* i. e. *die Handlung des Thunmüssens, die Nothwendigkeit des Handelns ist da*, scilicet *für Jemanden.* Quod autem de temporibus compositis passivi, id de simplicibus valet; si vero *pugnatur* in participium cum *est* solvere non possumus, participio praesentis passivi latini deficiente, confugiamus ad graecorum linguam participiis scatentem et solvamus impersonale πολεμίζεται in πολεμιζόμενόν έστω, i. e. id, quod pugnatur, est vel actio, ex qua pugnatur, adest. Sed, per deos immortales, quid prohibet, quo minus hanc explicationem ad impersonalia reflexiva quoque vel media (cum media passivis tam similia sint, ut utraque praesens, imperfectum aliaque tempora communia habeant, nam λούεται vel λουόμενόν έστω utrumque esse potest et laratur et larat se, i. e. id, quod laratur vel id, quod se lavat, est, adest) et vero ad activa transferamus, ita ut subjectum in impersonalibus tonat, il y a, es sticht mich nihil aliud sit nisi participium, id, quod tonat, quod habet, quod me pungit, adest, existit. Fortasse objiciet quispiam verbis neutris participium deesse vel sensu carere, ex. c. dormitum est, das Geschlafene ist vorhanden; sed ipsa lingua, qua nunc utor, ipsum dormitum est, dormiendum est, optima est defensio et refutatio. Ita profecto non ad hoc illudve subjectum impersonalium anxie circumspicere opus est, sed omnium impersonalium unum idemque habemus subjectum, scilicet participium ipsius temporis verbi. Ita quaestionem propositam solvisse mihi videor."

Die subjectlosen Sätze sind dem Gesagten zufolge Sätze, die nur aus dem Prädicate bestehen, aus dem, was in einer grossen Anzahl von Sätzen in der natürlichen Gedankenbildung als das Prius anzusehen ist, wozu das Subject gesucht werden kann, aber nicht gesucht werden muss. Wird es nicht gesucht oder zwar gesucht, jedoch nicht gefunden, dann kann nur das Prädicat gedacht und ausgesprochen werden, und wir erhalten ein subjectloses Urtheil, einen subjectlosen Satz, wofür man auch Prädicatsurtheil, Prädicatssatz sagen könnte: es rauscht, der Bach rauscht. Im subjectlosen Satze gelangt ein Vorgang oder ein Zustand zum Ausdrucke ohne Bezeichnung des wirkenden Gegenstandes. Diese Bezeichnung unterbleibt, weil man den wirkenden Gegenstand nicht kennt oder weil man sich damit begnügt, die wahrgenommene Erscheinung zum Ausdrucke zu bringen. Entscheidend ist hiebei das Bewusstsein des Sprechenden: ist sich dieser des Urhebers der Erscheinung nicht bewusst, so muss der Satz als subjectlos gelten, wenn es auch dem Scharfsinne gelingen sollte ein Subject zur Stelle zu schaffen, und wenn auch der Nachweis geliefert werden könnte, der nun subjectlose Satz habe sich aus einem subjectischen entwickelt, was in einigen Fällen gelingt. Die gilt z. B. vom russ. тамъ водитъ dort spukt es, das auf dem Satze domovoj voditъ sja beruht; vom bulg. vali es regnet, das dъžd valí voraussetzt; vom magy. esik es regnet, das neben dem tautologischen esö esik besteht u. s. w. Es wird erzählt: Bienen, Wespen und Hummeln summten im Gärtchen, und später fortgefahren: es summte ohne Unterlass in das Zimmer hinein. Hier begnügt sich der Erzähler mit dem Ausdrucke des gehörten, ohne sich der summenden Thierchen bewusst zu sein. Die Möglichkeit der Loslösung des Prädicates vom Subjecte, genauer: die Fähigkeit absoluter Setzung des Prädicates erscheint mir geradezu als ein Vorzug der Sprache, dessen sich entfernt nicht alle Sprachen rühmen können. Mir scheint der Ausdruck „auf dem Meer ist's ruhig", mhd. „es gruonet an den esten", der Phantasie einen weitern Spielraum zu gewähren als der Ausdruck: „das Meer ist ruhig", „die Äste grünen". Der Unterschied beruht darauf, dass im subjectlosen Satze das Prädicat unbeschränkt, absolut auftritt, während im subjectischen Satze das Prädicat durch das Subject beschränkt, nur in Beziehung auf das Subject ausgesagt wird. „Die Verba impersonalia sind von vorzüglicher sinnlicher, plastischer Kraft, für welche die Sprachen allmählich das Verständniss verlieren." Steinthal.

In manchen subjectlosen Sätzen liegt — und dies möchte ich hervorheben — etwas anderes als in den mit den subjectlosen für identisch gehaltenen subjectischen: jene bezeichnen die unwillkürlichen, diese die absichtlichen Äusserungen der Lebensthätigkeit. Der slovakische Schullehrer wird, wenn er meint, ein Schüler habe um den Unterricht zu stören das Geräusch des Niesens nachgeahmt, fragen: „*kdo je kýchol? quis sternutavit? wer hat geniest?*" Die Frage: „*komu sa je kýchlo?*" wörtlich: „*cui sternutatum est?*" würde nicht gethan werden, da dieselbe das unabsichtliche Niesen zum Gegenstande hätte. Der Unterschied beruht darauf, dass in „*quis sternutavit?*" das Niesen als vom Subject beabsichtigt, als seine That dargestellt, während es in „*cui sternutatum est?*" als ein Vorgang an dem Subjecte aufgefasst wird. Dieselbe Bewandtniss hat es wohl auch mit dem slovak. „*násmu človeku vzdýchlo sa tu z hlboka er seufzte unwillkürlich*". Ebenso zu beurtheilen ist russ. „*dumalo sъ emu, tebê rzdumalo sъ*" tibi (apud te) cogitatum est neben „*dumalъ, ty rzdumalъ*" tu cogitasti. Nach einem russischen Grammatiker, N. Nekrasovъ, besteht der Unterschied zwischen „*ja choču*" und „*mnê chočetъ sja*" darin, dass in jenem Ausdrucke igraetъ glavnuju rolь lico, predmetъ dêjstvujuščij, a vъ drugomъ — samo dêjstvie 296. Bei dem durch „*dumalo sъ emu*" bezeichneten Denken im Gegensatze zu dem durch „*damals*" ausgedrückten darf an Lichtenberg's Wort: „es denkt" sollte man sagen, so wie man sagt: „es blitzt" erinnert werden, womit das zu vergleichen ist, was Steinthal, Charakteristik 92, lehrt. Bei absichtlichem Erleiden des Frostes sagt der Litauer subjectisch: „*kám tù laùkè śáli?*" was frierst du draussen? Kurschat, Deutsch-lit. Wörterbuch s. v. frieren. Dasselbe findet wohl in allen Sprachen statt, die beide Redewendungen besitzen. „*Ich friere*" muss angewandt werden, wenn das Frieren oder Nichtfrieren von mir abhängt; dasselbe gilt von „*man friert*": das Subject ist hier unbestimmt, weil man es nicht bestimmt, obgleich man es bestimmen könnte. „*Mich friert*" kann nicht angewandt werden, wenn ich mich freiwillig dem Froste aussetze. „*Es friert*" hat keine Beziehung zu einer Person.

Den subjectlosen Sätzen, welche Vorgänge der Natur bezeichnen, wohnt dadurch, dass sie die wahrgenommene Erscheinung und nur diese zum Ausdruck bringen, eine grössere sinnliche Kraft inne als den subjectischen. Sie sind dadurch in der Poesie von besonderer Wirkung. Um dies zu zeigen, führe ich aus Schiller's Taucher eine grössere Anzahl von subjectlosen Sätzen im deutschen Original und in französischer, čechischer und polnischer Übersetzung vor.

1. Und es wallet und siedet und brauset und zischt.
2. Und schwarz aus dem weissen Schaum klafft hinunter ein gähnender Spalt, grundlos, als ging's in den Höllenraum.
3. Und stille wird's über dem Wasserschlund, in der Tiefe nur brauset es hohl.
4. Mich gelüstete nicht nach dem theuren Lohn.
5. Und sieh! aus dem finster fluthenden Schooss, da hebet sich's schwanenweiss.
6. Es riss mich hinunter blitzesschnell.
7. Und wie einen Kreisel, mit schwindelndem Drehen trieb mich's um, ich konnte nicht widerstehen.
8. Denn unter mir lag's noch bergetief in purpurner Finsterniss da, und ob's hier dem Ohre gleich ewig schlief, das Auge mit Schaudern hinunter sah, wie's von Salamandern und Molchen und Drachen sich regt' in dem furchtbaren Höllenrachen.
9. Und schaudernd dacht' ich's, da krock's heran.
10. Da ergreift 's ihn mit Himmelsgewalt, und es blitzt aus den Augen ihm kühn.

11. Da treibt 's ihn den köstlichen Preis zu erwerben.
12. Da bückt sich 's hinunter mit liebendem Blick.

Franz. 1. *Et le gouffre ondoie, bouillonne, et gronde, et siffle.*
2. *Et, noire à travers la blanche écume, s'ouvre une fente béante et sans fond: on dirait qu'elle va jusqu'au séjour infernal.*
3. *Et le silence règne au-dessus de l'abîme; au fond seulement bruit un creux murmure.*
4. *Une si précieuse récompense ne me tenterait pas.*
5. *Mais, voyez! du sein des sombres vagues, s'élève un objet blanc comme un cygne.*
6. *Comme je descendais, entraîné avec la promptitude de l'éclair, soudain . . .*
7. *Et me tordant, en proie au vertige, me fait pirouetter comme une toupie : je ne pouvais résister.*
8. *Car sous moi, dans une obscurité pourprée, le vide s'enfonçait encore, profond comme du haut d'une montagne; et, quoique tout dormît pour l'oreille dans un éternel silence, l'œil voyait en bas avec effroi comme l'eau grouillait de visqueux reptiles, de salamandres, de dragons, dans cette gueule terrible des enfers.*
9. *Je frissonnais à ces pensées, quand je vis cent jointures se mouvoir, ramper vers moi.*
10. *Alors, une céleste force saisit son âme; de ses yeux jaillit un éclair plein d'audace.*
11. *Alors, il se sent entraîné à conquérir la précieuse récompense.*
12. *Alors elle se penche sur le gouffre, avec un regard plein d'amour.*

Aus Poésies de Schiller. Traduction nouvelle par Ad. Regnier. Paris. 1859. I. Seite 219.

Im frz. finden sich alle subjectlosen Sätze durch subjectische wiedergegeben, und die französische Sprache, welcher Niemand den unschätzbaren Vorzug der limpide netteté streitig machen wird, ist durch die nothwendige Ersetzung der subjectlosen Sätze durch subjectische gegen das Deutsche entschieden im Nachtheil.

Čechisch. *1. Voda siči, vlní se, cře klokotem.*
2. Z pěny bělavé kalotmarý, | bezedný, jako do pekla vchod, rozestoupne nor se požírarý.
3. Ticho nad vodovírem teď panuje, jen z hloubi chrapotí jek.
4. O krušnou bych odměnu málo stál.

5. *A aj, ve mrtě kalotmavé bělá tam cos labutí.*
6. *Dolů mne krapem to hrouzilo.*
7. *A v závratě, jakkoli jsem se opíral, co šumrhu do kola vír mne nabíral.*
8. *Hor s rýši pode mnou to lželo, | ve propasti se tmívalo; i ač ucho ni pošeptu neslyšelo, předc oko tam s úžasem zíralo, jak chomolem ještěrů, draků i štířů, | hemží ve pekelném to hltaně víru.*
9. *An to vše rozjímám v ustrnutí, | tu cos, na sta pohýbaje noh, po mně chňape se plíže.*
10. *Duši rášeň pojme mu zevřelou, | ctná odvaha v oku se stkví.*
11. *Slíbeného tu dychtě si blaha dobýti.*
12. *Tu kloní se milostný k hlubině hled.*

Aus V. A. Svoboda, Výbor básní Fr. Schillera. V Praze. 1847. Seite 51.

Selbst das Čech. gibt nur éinen Satz, in 8, subjectlos wieder; in 5. und 9. muss *cos* „etwas" und in 6. und 8. *to* „dies" als Subject eintreten. Das sonst an subjectlosen Sätzen so reiche Slavisch muss, so scheint es, einigemahle der Anwendung des subjectlosen Satzes entsagen, wo das Deutsche wegen seines „es" ihn gebrauchen kann. In der kühnen Anwendung der Subjectlosigkeit in 12. würde selbst eine slavische Prosaübersetzung dem Originale nicht folgen können.

Polnisch. 1. *I wre i kipi i huczy i pryska.*
2. *A z białej piany, razem, niespodzianie, rozziewa paszczę czarna rospadlina bezdenna, jak by szla w piekieł otchłanie.*
3. *Wraz na powierzchni panuje milczenie, pod wodą tylko stęka huk daleki.*
4. *Ja bym tak drogiej wyrzekł się nagrody.*
5. *I oto z ciemnych nurtów topieliska | coś się wybija bielszego od śniegu.*
6. *Gdy mię wir chwycił, piorunem leciałem.*
7. *I bystrym pędem, wylękłego strachem | kręcily w koło potężnym zamachem.*
8. *Bo jeszcze bardzo głębokie przestrzenie kryła podemna szkarłatna powłoka, a choć tu wiecznie mieszkało uspienie, | przecież widziałem z wstrętem mego oka, że smoki, żmije i różne poczwary w piekielnej paszczy snuły się jak mary.*
9. *Tak zostawałem w okropnej obawie: | aż tu coś pelznie, sto pomyka członków.*

*10. To go przenika jak by błyskawica, z ócz mu się iskrzy, odwaga goreje.
11. Piękność nagrody wzmaga w nim żądanie.
12. Królewna z łzami schyla się i czeka.*

Aus Pienia lyriczne Fr. Szyllera przełożył A. Bielowski. Lwów. 1866. Seite 23.

Auch das Polnische drückt sich nur in 1. und 10. subjectlos aus; in 5. und 9. muss *coś* „etwas" aushelfen.

Es gibt eine grosse Anzahl von Ausdrücken, die von den meisten Grammatikern als Impersonalia angesehen werden, die jedoch keine subjectlosen Sätze bilden: die Untersuchung, ob sie mit Recht zu den Impersonalia gezählt werden, darf hier unterlassen werden, da der Begriff eines Impersonale in hohem Grade schwankend, Impersonale daher ein wissenschaftlich unbrauchbarer Ausdruck ist. Es ist räthlich eine Anzahl von Ausdrücken aufzuführen, die als Impersonalia gelten, die jedoch nicht subjectlos sind. Subjectlos ist der Satz nur dann, wenn er, wie oben gesagt wurde, ohne Hinzudenkung eines Subjectes oder Subjectssatzes einen vollständigen Sinn gibt. Das richtige ist von einzelnen Gelehrten schon längst erkannt worden; so sagt Sanctius in der Minerva: Accidit, contingit, evenit, liquet etc. cur dicantur impersonalia, non video, quando quidem nunquam supposito carebunt. An obscurum est infinitum vel totam orationem sumi pro supposito? res quoque, casus vel eventus plerumque subaudiri posse? sed accipe clara supposita: „mox ubi creverunt, naturaque mitior illis contigit; nec contigit ullum vox mea mortalem". Ut igitur dicimus: accidit aegritudo, calamitas, mors, ita dicimus: accidit, ut ille veniret. (Hinsichtlich des Ausdruckes Suppositum ist zu bemerken, dass im Mittelalter derselbe das grammatische Subject, Oppositum das grammatische Prädicat bezeichnete: die Ausdrücke Subjectum und Praedicatum waren der Logik vorbehalten). Auch Ph. Buttmann sagt vollkommen richtig, die Eigenthümlichkeit der gewöhnlich sogenannten Impersonalia bestehe blos darin, dass ihr Subject nicht in ein Nomen gefasst ist: ἔξεστί μοι ἀπιέναι; von dieser Art seien δεῖ, χρή, ἀποχρή, δοκεῖ, πρέπει, ἐνδέχεται u. s. w., daher auch ganze Phrasen wie ἔχει λέγειν consantaneum est. Freilich den Inf. unter allen Umständen als Nominativ gelten zu lassen, geht wohl nicht an: man vergleiche εὐβουλίας δεῖ und δεῖ γράφειν, wo γράφειν den gen. vertreten kann. Wer in δεῖ nach dem aind. *das* die Vorstellung „es fehlt" erkennt, wird δεῖ γράφειν wie frz. il faut écrire durch „schreiben fehlt" erklären, und in εὐβουλίας δεῖ eine analoge Construction erblicken. Weniger zu billigen ist die Ansicht von C. G. Zumpt 225, der zufolge dergleichen Verba „in der dritten Person unpersönlich gebraucht werden", und der Unterschied zwischen dem subjectlosen miseret u. s. w. und dem subjectischen accidit, das ja auch kein persönliches Subject hat, u. s. w. schwindet. „Es ist möglich" gibt, allein, keinen vollständigen Sinn, ist daher kein subjectloser Satz. Hier werden aus den in dieser Abhandlung in Betracht kommenden Sprachen mehrere als unpersönlich geltende Ausdrücke aufgezählt, die keinen subjectlosen Satz darstellen.

Slavisch. Aslov. *unje bê* melius foret, praestaret. *blaženomu irzoli se na goru rziti rysoku.* Nslov. *mi že preséda* es ist mir schon zu viel. Bulg. *volno mi je* mihi licet. *drágo mi je* es ist mir lieb cank. *žálno, milo mi je* es thut mir leid cank. *na Radka stanalo krivo* dem Radko that es leid. *liči, mni se, struva se, čini se* es scheint cank. *priliča* es schickt sich. Serb. *utvorilo mi se* ich glaubte zu sehen, es erschien mir (als Gespenst). Russ. *znatno* il est évident. *kažetz sja* es scheint. *nadobno, nado* il faut: *nado iz ramz datz otdochnutz. slyšno, čto onz prodaetz svoi iměnija. slučalo sz, čto . . . mnĕ dolžno razorvatz vsê srjazi sz prošedšimz* ich muss alle Bande zerreissen. *Sminu prišlo sz izumitz sja.* In dem Satze: *ne chotĕlo sz emu rozvratitz sja domoj* er hatte keine Lust nach Hause zurückzukehren, vertritt der Inf. einen casus obliquus, das Verbum wird daher subjectlos gebraucht. Cech. *dĕje se. prihází se. stárá se.* slovak. *pekný sen sa mi snival.* Poln. *zdaje mi sie, że błyska. należy. zaleźy.*

Deutsch. Nhd. *es ahnt mir. es gelingt. es gebührt mir. es gehört sich. es geschieht. es reut mich. es scheint. es schreckt mich. es steht mir an. es trägt sich zu. es verhält sich so. es ziemt mir. es zweifelt mir.* Vergl. Grimm, Wörterbuch 3. 1110. *es träumt mir* kann in verschiedener Bedeutung subjectisch und subjectlos sein. *wie kommt's, dass du so traurig bist? es war mir, als müsst' ich sterben.*

Lat. *constat. licet. liquet. lubet. praestat. aequum, certum, clarum, dulce est. accidit. accedit. contingit* u. s. w. Zumpt 225. Das mit *opus* zusammenhangende *oportet* für *oporitet* (vergl. poenitet), mlat. *oportum est,* ist mir zweifelhaft.

Roman. It. *è vero. pare. si crede* u. s. w. Diez 3. 291. 293. *si scrive* bedeutet als subjectloser Ausdruck: man ist mit Schreiben beschäftigt; *si ra* ist nothwendig subjectlos: der Unterschied liegt in der transitiven und intransitiven Bedeutung der Verba. Frz. *il faut: il me faut un habit,* eig. es fehlt mir. *il faut partir.* Rumun. mrum. *lipseashte* λείπει, πρέπει: λείπει hat mit ἐστί und faut dieselbe Grundbedeutung. *unzeashte* ἁρμόζει bo. 107. Magy. *látszik* es scheint. *tetszik* es beliebt. *történik* es ereignet sich u. s. w. Toepler 188.

Keines der angeführten Verba gibt ohne Ergänzung einen vollständigen Sinn: „es" kann durch ein Subject ersetzt werden. Dass Sätze mit dem Subjecte „etwas, das" u. s. w. nicht subjectlos sind, ist klar, ein so geringer Unterschied auch zwischen ihnen und den subjectlosen bestehen mag: klruss. *volka ščoś vse do lisu tahne* den Wolf zieht immer etwas zum Walde poslov. 16. russ. *čto-to temnoe probêžalo po eja glazami* turg. *was soll das geben? da lief mir was durch's ganze Blut.* Diesen Sätzen liegt der Gedanke zu Grunde, das „etwas" sei bestimmbar, wenn auch der Versuch es zu bestimmen meist misslingen dürfte.

O. Erdmann, Untersuchungen 2. 61, ist geneigt das griechische Neutrum plur. beim sing. verbi als Accus. in subjectlosen Sätzen aufzufassen. Gegen diese Ansicht ist mehreres einzuwenden. Es überrascht nämlich bei dieser Auffassung, dass der sing. verbi nur mit dem Neutrum, nicht auch mit dem masc. und fem. plur. verbunden wird. Es ist ferner zu bedenken, dass jene griechische Construction bei allen Verben eintritt, während der hier in Frage kommende subjectlose Ausdruck nicht bei allen Verben stattfindet. Hiebei ist Folgendes zu beachten: wenn man sagt: „*es weht einen ungestümen Wind*", und wenn man nach diesem Typus sich zu sagen gestattet: „*es weht ungestüme Winde*", so ist „*weht*" kein transitives Verbum, was daraus hervorgeht, dass der Versuch der Verkehrung in's Passivum bei dem angeführten Satze misslingt, sondern es ist zu dem subjectlosen „*es weht*" näherer Bestimmung wegen ein Accus. hinzugetreten. Es müsste demnach jedes Verbum, das mit dem Neutrum plur. verbunden wird, ausser dieser Verbindung einen subjectlosen Satz bilden, was nicht der Fall ist. Die griechische Fügung bleibt ein Räthsel, und es ist daher nicht zu verwundern, wenn man sie in der Noth „aus dem feinern Ton des gesellschaftlichen Atticismus entspringen lässt".

ZWEITER THEIL.
Specielles.

Nach diesen allgemeinen Betrachtungen muss zur Darlegung der Arten der subjectlosen Sätze und zur Eintheilung derselben geschritten werden. Wer auf die syntaktischen Verhältnisse mit Rücksicht nimmt, wird die folgende Eintheilung der subjectlosen Sätze für einigermassen entsprechend erachten. Vollkommen entsprechen wird sie nicht, weil sie auf einem zweifachen Eintheilungsgrunde beruht, von denen der eine, der formale, den Gliedern I—IV, der andere, materielle, den Gliedern 1—8 zu Grunde liegt. Die Correction dieses Mangels wird darin zu suchen sein, dass die Glieder II., III. und IV. in 1—8 untergebracht werden, indem die Sätze, die Naturerscheinungen bezeichnen, aus II., III., IV. unter 1. gestellt werden usw. Der Satz beruht auf einem Verbum oder auf einem Nomen mit Verbum: *es regnet, es ist kalt*. Das Verbum ist activ, reflexiv oder passiv: *es blitzt, hier sitzt sich's gut, es wird getanzt*. Die subjectlosen Sätze mit einem Verbum activum sind sehr zahlreich; es empfiehlt sich daher dieselben in Unterabtheilungen zu bringen: als Eintheilungsgrund darf der Inhalt dienen. Wir haben demnach I. *Subjectlose Sätze mit einem Verbum activum*. Diese zerfallen in folgende Unterarten: *1. Sätze, die die Existenz eines Gegenstandes ausdrücken: es ist ein Gott, es gibt einen Gott. 2. Sätze, die eine Naturerscheinung ausdrücken* (verba naturae): *es donnert. 3. Sätze, die Affectionen des Leibes oder der Seele ausdrücken: es schwindelt mir, es jammert mich des Volkes. 4. Sätze, die Sinnesempfindungen ausdrücken: es riecht nach Rosen, es rauscht. 5. Sätze, die eine Gewalt durch ihre Wirkung ausdrücken: es würgt mich* (beim Brechreiz). *6. Sätze, die das Geheimnissvolle, Gespenstige* ausdrücken: *es spukt.* 7. Sätze, die die Vorstellung des Mangels und des Gegentheils ausdrücken: *es mangelt an Soldaten.* 8. Sätze, welche abstracte Verhältnisse ausdrücken: *es geht mir gut.* II. Subjectlose Sätze mit einem Verbum reflexivum: *des Morgens geht sich's gut.* III. Subjectlose Sätze mit einem Verbum passivum: *es wird gelacht.* IV. Subjectlose Sätze mit einem Nomen und Verbum: *es ist heiss.*

Wenn man diese Classen der subjectlosen Verba übersieht, so begreift man, wie es kommt, dass die Subjectlosigkeit in so vielen Fällen eintritt: es werden seelische und leibliche Zustände bezeichnet, die wir nicht machen, die über uns kommen; Naturerscheinungen, deren Urheber uns unbekannt ist usw. Man wird sich unter diesen Umständen vielleicht wundern, wie Herbart sagen konnte, dass eine gebildete Sprache die Subjectlosigkeit nur in seltenen Fällen deutlich hervortreten lasse: man kann in mehreren Sprachen, unter andern in der deutschen, längere Gespräche ohne Subject führen.

I. Subjectlose Sätze mit einem Verbum activum.

1. Sätze, die die Existenz eines Gegenstandes ausdrücken.

Existentialsätze sind Sätze, welche die Existenz (das Dasein) eines Gegenstandes aussagen. Sie kommen nicht nur dann zur Anwendung, wenn es sich um die Existenz im absoluten Sinne handelt: *es gibt einen Gott*, sondern auch dann, wenn die Existenz eines Gegenstandes an einem bestimmten Orte, zu einer gewissen Zeit ausgesagt wird: *in diesem Garten, jetzt gibt es viele Rosen.*

Die Existenz wird ausgedrückt durch die Verba esse, habere, dare. Dass bei den Verba habere und dare der existierende Gegenstand im Accus. steht, ist natürlich: *es hat, gibt hier Linden.* Beim Verbum esse ist die Fügung eine zweifache: in den meisten Sprachen folgt sie stets den subjectischen Sätzen: „es ist ein Gott", zu vergleichen mit den subjectischen Sätzen: „Gott ist allmächtig, Gott hat die Welt erschaffen." In „es ist ein Gott" wird der Begriff „Gott" absolut, ohne Subject aufgestellt; ebenso: „es sind Götter". Das „ist" des Existentialsatzes tritt an die Stelle der sogenannten Copula „ist", die in vielen, bei weitem nicht in allen Sprachen, zur Aussage unentbehrlich, dieselbe Bedeutung hat, wie die Personalendung der Verba finita, wie „es ist *Sommer*, *es ist Nacht*" neben „*es sommert, es nachtet*" deutlich zeigen. „*Ist*" ist demnach kein Praedicat. Nach der andern Fügung kann der existierende Gegenstand im Accus. stehen: nslov. *po vsěh pótih jô je*, wörtlich: in omnibus viis eam est. Diese Ausdrucksweise ist nun sehr selten; dass sie ehedem häufig war, lässt sich aus einer Eigenthümlichkeit der slavischen und einiger andern Sprachen erschliessen. Wie bekannt, hat im slavischen die Negation die Wirkung, dass beim Verbum transitivum der Accus. durch den Gen. ersetzt wird: *mažь ženą ljubitъ* maritus uxorem amat lautet negativ: *mažь ženy ne ljubitъ* maritus uxorem (uxoris) non amat. Wenn es nun heisst: *sestry nēstъ doma* soror (sororis) non est domi, so sind wir zum Schlusse berechtigt, man habe ehedem affirmativ gesagt: *sestrą jestъ doma* soror (sororem) est domi. Ich habe früher diesen Accus. durch die Annahme einer ursprünglichen transitiven Bedeutung des Verbum esse erklären zu sollen geglaubt, halte jedoch jetzt diese Ansicht für unrichtig und meine, dass in subjectlosen Sätzen *jestъ* (ist) einen Zustand bezeichnet und dass in solchen Sätzen die von dem Zustande afficierte Person oder Sache als Complement in den Accus. zu stehen kommt, wie dies in „*mich dürstet*" im Gegensatze zu „*ich dürste*" der Fall ist Benfey, Göttingische gelehrte Anzeigen 1865. 1792. Die Erkenntniss dieses Satzes ist für die Einsicht in die eigenthümlichen Fügungen der subjectlosen Sätze von Bedeutung. Diese auf einer grossen Anzahl von Erscheinungen fussende Theorie wird von jenen bekämpft werden, welche aus der Construction der Verba transitiva die Urbedeutung des Accus. erschlossen haben. Zu den vielen Functionen des Accus. tritt nun eine neue hinzu: der Accus. des Zustandes. Ein solcher Accus. findet sich in „*mich dürstet*"; in „*nunc pacem orandum*"; in „εἰρήνην τὴν τύχην"; im got. „*kar-ist ina*", wörtlich: cura est eum usw. Den Gen. in negativen Existentialsätzen kennen auch das lit., lett. und got.: lit. *n' éra brolačo nėstъ brata* das Brüderchen ist nicht da. Lett. *tās grāmatas tur nau* das Buch ist nicht da. Got. *ni vas im barne* es waren bei ihnen keine Kinder, Vergl. Grammatik 4. 355. 501, Constructionen, aus welchen wir denselben Schluss ziehen wie aus dem aslov. *sestry nėstъ doma*. Im ir. hat „*is est*" das Personalpronomen in der sonst für den Accus. geltenden Form neben sich: *is thu du bist (es ist dich)*. Im kelt. wie in den slav. Sprachen hat diese Fügung die Grenzen des Existentialsatzes überschritten: *ni me us beo non ego sum rivus*, wörtlich: *non me est rivum*, aslov. *něstь mene (mę) živa* Leo, Ferienschriften 1. 117. 118. 119. Zeuss 1. 476; 2. 894. Im slav. hat auch sonst die subjectlose Redeweise die subjectische verdrängt: nslov. *kramlate z menô, de si rarno me ni nar manji vaše dekle* obgleich ich nicht die geringste eurer Mägde bin. Serb. *njegora se kuća ugasila, u nju ne će kokota pojati* sein Haus ist erloschen, in ihm wird kein Hahn mehr krähen gorski vijenac 67. Čech. *není tě s to* du bist dem nicht gewachsen kom. Poln. *ani ich z to będzie* koch. 3. 55.

a) Esse.

Slavisch. Aslov. *ne bě ima čeda ουκ ἧν αυτοῖς τέκνον* ostrom., genau: bei ihnen gab es kein Kind. *ně li junotъ vъ vasъ?* nonne sunt juvenes inter vos? sup. 22. 28. *nikakože běaše vody pitijęję* (richtig *pitije*) es gab kein trinkbares Wasser 430. 29. Minder richtig: *ne bǫdi kъ semu plodъ otъ tebe* 255. 22. Mit dem Localadverb *tu: ne (ně) tu za to epitomije* non est pro hac re poenitentia nom.-bulg.: nur an dieser Stelle nachgewiesen. Durch das Localadverb wird das esse der Existenz von dem der Copula geschieden: dieselbe Aufgabe hat „da" (daher Dasein), „there" usw. Nslov. Affirmativ mit dem Accus.: *po vsěh pôtih jô je, kôder bi rtegnil priti* sie, die Frau des Tobias, ist auf allen Wegen usw. ravn. 1. 278, eigentlich: in omnibus viis eam est usw. Negativ mit dem Gen.: *doma ni mladga Marka zdaj* domi non est juvenis Marcus nunc volksl. 2. 38. *môka, kakše je nej bilô* cruciatus, qualis non fuit hung.-slov. *saj v črni gori ni zverin* in silva nigra non sunt ferae volksl. 2. 84. *ljubezen je bila, ljubezen še bô, ko mene in tebe na svêtu ne bô* 3. 128. Man merke *v njem resnica ni ἐν τούτῳ ἡ ἀλήθεια ουκ ἔστιν* epist. ioan. I. 2. 4. neben *pohujšanja ni v njem σκάνδαλον ἐν αὐτῷ ουκ ἔστιν* I. 2. 10. Mit *tu: Mandaleni nit traga nit glasa* Magdalenae non est vestigium usw. prip. 23. Hie und da finden sich Redeweisen wie *ni ga jezika, ni je besêde* non est lingua, non est verbum, es gibt keine Sprache usw. ravn. 1. 151. *ne ga toga, ki je nihao hižo* hung.-slov. Abweichend davon ist *na steblu ni jedne hruške né ga*, wofür man *ne je* (aslov. *jeję*) erwartet: auf dem Baume gibt es keine einzige Birne prip. 22. Selten ist *né ga* ausser dem Existentialsatze: *da brata nigdo rubil ne ga* 23. Die subjectlose Constructionsweise findet man auch in Sätzen, in denen *je* Copula ist: *čista dobrota ga je* er ist lauter Güte ravn. 1. 316.

für čista dobrota je on. gola nedolžnost jô je sie ist lauter Unschuld l. 303. für gola nedolžnost je ona. do vsih ljudi ga je bilo polno ljubezni gegen alle Menschen war er voll Liebe ravn. Vergl. Grammatik 4. 357. Wenn man meint, im Pract. heisse es čista dobrota ga je bila, nicht bilo, so ist dies irrig, denn dieser Satz folgt dem Typus skrb me je, skrb me je bilo. Bulg. Hieher rechne ich na me, éto go hier bin ich, hier ist er. Kroat. neće bit ćć toga boja, ni pečali, ni razmirja koga es wird darum keinen Kampf geben usw. luč. 39. jarma nikadar na njemu još ne bi 80. Mit tu: stanja, kojime konca nit budin. 92: nêtu. Serb. od kako je svijeta seitdem die Welt steht. dokle dnevi polovinu bilo als es Mittag war volksl. Ebenso eto na te bosanskog vezira: den Accus. sehen manche als Adv. an. da ti nije mene bilo nisi ego fuissem prip. 125. ne čudi se, jer čuda nije pjes. 5. 23. Klruss. jesť lude es gibt Leute nom. 49. čy je de svitovy kônec, čy nema? gibt es irgendwo ein Ende der Welt oder nicht? rozm. 59. ne štuka daty, koly je, z ôtky braty wenn es etwas gibt, woher man es nehmen kann posl. 87. bulo ščo jisty es gab etwas zu essen. Mit tu: slidu ńitu es gibt keine Spur nom. 302. na tych i šersty ńit 33. ne bude nas po nas sprichw. jak ne bude Irana, to ne bude pana pryp. 116. Ebenso ne bude z toj muky chliba aus diesem Mehl wird kein Brot werden, wörtlich: wird es kein Brot geben, neben z polovy byč ne bude poslov. 47. de roda, tam verba nom. 243. Russ. estь kogo sprositь es gibt jemand, den usw. estь gdê ostanovitь sja es gibt (einen Ort), wo usw. estь u menja dva ljuti psa es gibt bei mir, d. i. ich habe zwei böse Hunde var. 67. zuby estь, da nečego (aslov. nê čego aus nêstь čego) estь, estь u vasь ščetki? gibt es bei euch Bürsten? namz nekuda (aslov. nê kąde aus nêstь kąde) spêšitь. na stomz balê vasz ne budetz. Subjectisch: byli minuty es gab Minuten. Das unvolksthümliche suščestrovatь (aslov. sąštьstvo ⲟⲩⲥⲓⲁ) entspricht dem gleichfalls unvolksthümlichen deutschen „existieren": suščestvuetь li ledjanoj domz vz Peterburgê? dlja vasz ne suščestvuetz opasnosti für euch existiert keine Gefahr. meždu nami ne dolžno suščestrovatь nedorazumênij zwischen uns darf es keine Missverständnisse geben. ne čutь on n'entend rien ist wohl nêstь čьso čuti. Mit dem Localadverb tu, woraus meist tz: nê tu za to opitemuja es gibt dafür keine Busse pam. 20. podobnago u nichz nêtu turg. u kogo nêtz chotь by kapli nadeždy. menja doma nêtь ich bin nicht zu Hause, was sich mit „es gibt" nicht übersetzen lässt. Vostokovь 92. und Buslaevь 2. 158. meinen, nêtz stehe für nêstь. Čech. byla vdova. lidu (partitiver (Gen.) *ta było dobr.* 285. *proměny není v bohu štít. řekl blázen: není boha br. jiného nápoje ne bylo háj.* Mit *stati* für esse: *kdo ví, stane li tě do večera?* kom. Subjectisch: *není tu tva Katerina* suš. 90. Slovak. *o sinoch ňe bolo ani chýru ani slichu.* Mit *tu: žiadnej pomoci nieto. tebe páru na svete ajet.* Polu. *było chwile, jak by śmierć powiała* es gab einen Augenblick usw. laz. 299. *jest u mnie parę osób* ib. *było jeszcze trochę miodu* es war noch ein wenig Honig da ib. *jest tam boże drzewko. Jasieńka nie będzie. na Podolu biały kamień* volksl. *widziałem ją, własnie godzinę temu będzie* il y aura un an ib. C. W. Smith's Ansicht 183, *parę* sei zum Adverb geworden, lässt sich nicht rechtfertigen. *nie było ojca.* Das ältere Polnisch bietet *nie* für *niemu: nie* (aslov. *něstŭ) boga* non est deus malg. Latinisierend: *w jichże nie jest rozum* malg. Oserb. *ludžo su, kiž* usw. es gibt Leute, die usw. sunt homines usw.

Lit. *ir rugia* es ist Roggen da Schleicher 274. Negativ: *n' êra broláčo* das Brüderlein ist nicht da ib. *n' êr mano jaunôs dukrelês* da ist nicht meine junge Tochter volksl. Lett. *vai jû'ms ir têva* (Gen.)? habt ihr einen Vater? biel. 280. Negativ: *recáku rairs nâu* die Eltern sind nicht mehr 281.

Deutsch. Nhd. *es ist ein Gott. es war einmal ein König.* Mit dem Localadverb: nhd. *dass er* (Schiller) *in dieser Welt nicht mehr da ist* (Goethe). Ahd. *dô dar niwiht ni was.* Engl. Mit dem Localadverb: *where there is wit, there is pride. there was once a king.* Got. *ni vas in barne* (plur. gen.) οὐκ ἦν αὐτοῖς τέκνον, aslov. *ne bê ima čęda* luc. 1. 7. Vergl. Grammatik 4. 501.

Lat. Das Existentialverbum ist esse: *sunt homines, qui* usw. Roman. It. *son già sett' anni.* Mit dem Localadverb: *le foglie che c' è su* Tommaseo, Canti 1. 97. *quanta gente c' ene* 21. Fz. *il est certaines peuplades, qui* usw. Afz. *il estoit jadis uns rois.* Manche halten *un roi* in *il était un roi* für einen Accus., was durch jene afz. Denkmähler, die Nom. und Accus. scheiden, nicht bestätigt wird.

Alb. *nuk îstę neri* il n'y a personne.

Griech. Das Existentialverbum ist εἶναι: εἰσὶν οἵ, ἔστιν οἵ usw.

Zig. *asti* es gibt as. *chi gadže* es gibt Menschen pu. *nânaj mauró* non est panis pa. *nâne páni* es gibt kein Wasser karp. *tokke hi čirikles?* estne tibi avis? für *tokke hi čiriklo?* also Accus. statt des Nomin.

Magy. hat keine Copula, wohl aber ein Existentialverbum: *van.*

b) Habere.

Slav. Nslov. Selten. *da nema oni kući trišća ni dvišća* prip.
211. Bulg. *ima nira na kraj puto* est ager ad viam bulg.-lab.:
nira ist ideell ein Accus. *ima hora* es gibt Leute. *dnes ni ima,
utrê ni nêma* heute sind, morgen sind wir nicht čol. 152. *ima me*
ich bin ključ 13, wörtlich: „es hat mich", das eben so wenig
wie „es gibt mich" gesagt wird. *mladost je kato rosica, zaran ja
ima, denê ja nema* la jeunesse est pareille à la rosée, à l'aube elle
est, au jour elle n'est plus volksl. *sega ima tri godini. ima jedin
boy. polédica ima* es hat Glatteis cank. 38. *kadegod za ima marša*
wo immer es ein Aas geben wird ev. *jedno vrême imalo zmêjere*
einst gab es Schlangen. *nêma go tuka* ille non est hic, wörtlich:
ihn hat es nicht hier. *nêjmálo čisi* es gab keinen Regen Vinga.
nêmaše mnogo przst es gab nicht viel Erde, das auch anders erklärt
werden kann: griech. εἴχε. *nêma da vlêzete* non intrabitis. Kroat.
komu od počala nima se spomena luč. 86: se kann fehlen. Serb.
gdê ima dubo ubi est quercus mon.-serb. *u srijetu ima zlijeh zvjerova* prip. 1. *bez muke nema nauke* posl. 11. *bez družtva nema
junaštva* ib. In *u onoj rekavici imaju tri šibljike* prip. 62. ist *tri
šibljike* Nomin. und wird *imaju* als mit *jesu* gleichbedeutend gebraucht:
dasselbe findet statt in *u onom jezeru ima jedna aždaja* prip. 57.
Khruss. *nema krašoji taj rôd našoji* es gibt keine schönere als
die unsrige pis. 1. 11. *nyma ho doma* 1. 90. *v mene nema žônky*
apud me non est uxor 2. 86. *takých slonôv ne maje na sviti* solche
Elefanten gibt es nicht auf Erden rozm. 16. *bez muky nema nauky* sprichw. *nema rôd joho ni ristky ni čutky nijakoi. velykyj svit,
ta nema de dity sa* non est (locus), ubi usw. nom. 42. *hde nas nema*
ubi nos non sumus prip. Man vergleiche *nymaš moho pana* piš.
2. 5. Russ. Selten. *u nich takorogo ne imêetz sja* turg. Poln.
nie ma go tam wiela pies. 18. *nie ma* und *nie masz brata. tu niema
co robić. nie ma w domu meža. choć by było co jeść, niema w czem
zgotować.*
Deutsch. Nhd. *es hat grosse Bäume. es hat an dem Orte schöne
Pferde.*
Lat. Spät. *habet ibi silva* daselbst gibt, hat es einen Wald.
habet annos quindecim, ex quo usw. *il y quinze ans* usw. Historia
Apollonii regis. *tabellionum non habetur penuria.*
Roman. It. mit dem Localadverb: *molti cittadini v' avea.*
Subjectisch: *v' anno molti cantori* Fortis, Viaggio 1. 92. Sp. *años*

ha. Fz. Mit dem Localadverb: *il y a des femmes qui* usw. Afz. ohne *y*: *que mult a entre fere e dire. il y a deus ans que mon père est mort* heisst nach der Ansicht einiger: es (das die Zeit schaffende) hat dort (auf der Welt) zwei Jahre seit meines Vaters Tode. „es gibt" hiess ursprünglich *at* habet, dann *i at* ibi habet, zuletzt *il y a illud* ibi habet. Mrum. *tu tséra aista are leamne bune* dans ce pays il y a du bon bois. *are de tine mai cîrtos* il y a plus fort que toi. *n' are jearbę*, wörtlich: non habet herbam, drum: *nu este jearbę* Mostre n. 58. 142. 143.

Zig. *nána teréla asarké chulané manúš* il n'y a pas de pareils seigneurs pa., wörtlich: es hat nicht solche Herren.

Chinesisch. Verba mit der Haupt- oder Nebenbedeutung „wahrnehmbar werden, in Erscheinung treten" stehen mehr oder weniger oft vor dem Substantive, welches — wenigstens nach unsern Begriffen — ihr Subject ist. Bei *yeù* haben in der Bedeutung „es gibt" liegt offenbar ein echtes Objectsverhältniss vor; bei andern ist aber eine Inversion des Subjectes ebenso wahrscheinlich, wo nicht wahrscheinlicher. Unpersönliches *yeù* es gibt, *wú* es gibt nicht steht regelmässig voran. G. v. d. Gabelentz, Chinesische Grammatik 144. Wenn man die angeführten Beispiele vom Standpunkte der hier vorgetragenen Theorie betrachtet, so möchte man geneigt sein die Stellung des Verbum vor dem als Subject geltenden Nomen daraus zu erklären, dass das Nomen das Object bezeichnet, wie die Stellung dies andeutet.

c) Dare.

Deutsch. Nhd. *es gibt keinen Trost für ihn. heuer gab es guten Wein.* Diese Ausdrucksweise, noch im sechzehnten Jahrhundert selten, wird von Grimm, Grammatik 4. 230, mit dem „datur" der Juristen verglichen: sie findet sich in passivischer (reflexivischer) Form im schwed. und im dän.

Es wird vielleicht überraschen zu vernehmen, dass das mrum. dieselbe subjectlose Ausdrucksweise in etwas anderer Anwendung, nämlich zum Ausdruck von Naturerscheinungen, kennt: *da ploae* βρέχει es regnet, wörtlich: es gibt Regen.

Um der Entstehung dieser Redewendung näher zu kommen, ist es zweckmässig an Phrasen mit *setzen, absetzen* zu denken: *es hat keinen geringen Schrecken gesetzt. es setzt wunderliche Reden ab.* „*es gibt etwas*" glaubt man erklären zu können durch „eine unbekannte oder unbestimmte, nur in ihrer Wirkung erkennbare Kraft gibt etwas, diese Kraft erzeugt, bewirkt etwas, lässt es in's Dasein treten, vorhanden sein". Nach Bolzano's Wissenschaftslehre ist der Satz „es gibt ein A" gleich dem Satze „die Vorstellung des A hat Gegenständlichkeit".

Den Existentialsätzen mit esse scheinen folgende Ausdrucksweisen mit andern Verben analog zu sein:
Slav. Aslov. *da ne ostanetъ slêda ihъ* ne maneat eorum vestigium exod. 10. 26. Nslov. *na nagli postane z angelom vojske nebeske* luc. 2. 13 - küzm. *v gojzdu ne raste druziga* wächst nichts anderes volksl. 1. 6. *nikar zeleniga listika ne ostane* kein grünes Blatt bleibt übrig ravn. 1. 89. *ni nikar kaplje kanilo* kein Tropfen fiel 1. 222. Kroat. *ne ostalo ni kuće ni zvonika* luč. 106. Serb. *dokle teklo, traje sunca i mjececa* so lange Sonne und Mond dauern pjes. 4. 237. *da se take (djerojke) radjalo nije, niti će se radjati* dass ein solches Mädchen nicht geboren wurde prip. 130. *da junaka boljega ne nastade* dass kein besserer Held erstand gjuriš. 16. *da od vraga ne ostaje traga* pjes. *njemu dana ne sviće bijela* ihm glänzt kein lichter Tag lažni car 58. Kbruss. *čy vuz (vôz) bylo, čy lopatu, čy ščo druhe* war es ein Wagen usw. južn.-skazky 1. 74. Vergl. Grammatik 4. 357. *šoho ne može staty ś* das kann nicht geschehen. *nikoly ne jarylo ś takoho v Izraili* matth. 9. 33. *na jomu ničoho ne horyt* auf ihm brennt nichts rozm. 32. *i ruba suchoho na jomu ne ostalo ś* nom. 13. *mynulo dva tyžñi* es vergiengen zwei Wochen rozm. 7. Russ. *vezdê ichъ (nasêkomychъ) kišmja kišitъ* es wimmelt von ihnen (den Insecten) bus. 2. 159. *bylo sotnju ovecъ. ostalo sъ mêru pšenicy. nateklo čašku rody* A. V. Popovъ 123. *menja stanetъ na əto dêlo* 128. *ne slêdnetъ za ətymъ glasnymъ nikakogo zvuka* hanc vocalem nullus sonus sequitur. *mêsjaca ne projdetъ* kein Monat wird vergehen. *času ešče ne proteklo* eine Stunde war noch nicht vergangen. *ničego ešče ne propalo. ej ničego podobnago rъ golovu ne prichodilo. večeromъ ne proizošlo ničego utêšitelnago. pomošči ne prichodilo* auxilium non venit bus. 2. 179. *zrêzdъ ne sverkalo na nebê* stellae non fulgebant in caelo 2. 160. *ničego ne vidnêlo sъ i ne bъrêlo. ničego by ətogo ne služilo sъ* dergleichen hätte sich nicht ereignet. *rъ krikachъ ne slyšalo sъ urlečenija. takichъ ljudej na svêtê bolьše ne vstrêčaetъ sja* dergleichen Leute finden sich nicht mehr auf der Welt. *ədakogo skota ešče ne rodilo sъ* talis pecus nondum nata est bus. 2. 160. In den letzten Sätzen treten Verba reflexiva auf: vergl. II.

Čech. pokudž mne stává so lange ich bin. dokudž měsíce, nebes stává. dokudž Samuele stávalo. když nás nestane. Daneben subjectisch: dokudž svět tento stane so lange diese Welt besteht; ebenso pokud co rodu toho stává. ne zůstalo ani jednoho ne unus quidem remansit. sledu ne zůstane. Poln. póki świata stanie so lange die Welt steht koch. 2. 146. umarl Maciek, już ci go nie staje. gdy Macka nie stało. zostało jeszcze kosz wina es blieb noch ein Korb Wein übrig laz. 299. zostało kopę jablek ib. siersci bydla nie zostało szym. resztę dnia zeszło na przygotowaniu do podróży laz. zginęło mi parę pończoch ib. Den Accus. in diesen Sätzen erklären andere als den Accus. des Maasses; ebenso usl. bilo je silo ljudstva. tri voze se je peljalo ljudi. cel voz je bilo ranjenih. eno kopo, štiri kope je bilo oréhov Vergl. Grammatik 4. 390.

Wer aus der Gesammtheit der hier betrachteten Erscheinungen die ursprünglichen Ausdrucksweisen zu erschliessen unternimmt, wird vielleicht zu folgenden Resultaten gelangen: die Verba der Existenz und die Verba analoger Bedeutung wie etwa bleiben, entstehen, sind der subjectischen und der subjectlosen Construction fähig; im ersteren Falle steht der existierende Gegenstand im Nom., im letzteren im Accus., Gen., daher aslov. affirmativ 1. byli sątъ junaci es hat Helden gegeben, 2. bylo jestъ junaky und negativ 3. ne sątъ byli junaci, 4. něstъ bylo junakъ. Von diesen Wendungen ist die zweite nicht häufig, sie liegt jedoch der ganz gewöhnlichen vierten zu Grunde. Serb. 1. podigli se junaci es haben sich Helden erhoben, 2. podiglo se junake, 3. ne podigli se junaci, 4. ne podiglo se junaka. Die zweite Redeweise ist ungebräuchlich: sie ist jedoch in Übung mit dem partitiven Gen.: podiglo se junaka. Häufig ist der vierte Ausdruck: Skandarijo zemljo,°si propala, u tebe se ne diglo junakah! in dir mögen keine Helden erstehen! pjes.

Existentialsätze scheinen auch jene Sätze zu sein, in denen das Verbum esse mit einem Inf. zum Ausdrucke bald der Möglichkeit, bald der Nothwendigkeit verbunden wird.

Slav. Aslov. jestъ viděti est videre, eigentlich: es gibt ein Sehen, d. i. man kann sehen. něstъ obrěsti ούκ έστιν εύρεΐν hom.-mih. iděže něstъ brati iměnija ubi non licet colligere facultates ib. vsěmъ ny jestъ otiti otъ sudu omnibus nobis hinc abeundem est sabb.-vind. Nslov. slíšať ni zronova volksl. Serb. da je tebi stati pogledati pjes. 4. 76. Klruss. mrut ľudy, i nam bude (umerty) sprichw.

brechlyru sobaku daleko čuty sprichw. bez praći ne jisty kolačy sprichw. ani rydkom ne rydaty, ani čutkom ne čuvaty. Russ. čto bylo emu dělatь? was war für ihn zu thun? kuda namъ spěšitъ? ne vidatь to namъ světa bělago wir sollen die lichte Welt nicht sehen ryb. 1. 156. toej krovi tebě ne pitь budetъ bus. 2. 147. ačhъ kakъ mně, tichu Donu, ne mutnomu teči! wie sollte ich, stiller Don, nicht trübe fliessen! bus. 2. 166. kakъ ej bylo ne zamemočъ? Čech. ne jednu paní biese viděti slziece kat. z Betléma jest jemu vyniti jež.-ml. všechném jest jednou umřiti vel. Poln. być mu w okowach koch. 3. 52. nie było grać. słychać go z daleka. Oserb. teho člověka je vidžić dieser Mensch ist zu sehen.

Lett. tev būs divu mīlēt du sollst Gott lieben biel. 146.
Lat. est videre. Griech. οὐκ ἔστιν εὑρεῖν βίον ἄλυπον οὐδενί.

2. Sätze, die Naturerscheinungen ausdrücken.

Die Sätze, die Naturerscheinungen, einen Zustand, Vorgang in der Natur bezeichnen, sind nicht selten subjectisch: es weht, der Wind weht. Mit dem subjectlosen Verbum kann ein Accus. verbunden werden: es weht einen ungestümen Wind.

Slav. Aslov. rositь rorat. dъžditь pluit; daneben bogъ, oblakъ dъžditъ. grъmitъ. Nslov. grmi. dans še bo previsëlo heute wird es noch aushalten met. 271. Reflexivisch: bliska se. zori se; daneben subjectisch dež, snëg, toča gre, ide. toča bije meg. zorja je světala prip. 24. Man merke vedri me, zavedrilo me je ich habe mich verspätet. Bulg. Häufig reflexivisch. bliska se cank. razvideljuva se, razvideli se es wird Licht, tagt cank. grъmi, grъmne. valjalo je es hat geregnet. dъždi. vrъnet: καὶ βρονταὶ θέλει βρέξει dan. zazorěva se, zazori se das Morgenroth scheint. ogrěva die Sonne kommt hervor cank. izjasněva se es wird heiter cank. leti pluit. mrъzne, zamrъznuva, zamrъzva es friert. mrъkne, zamrъkne, smrъkne, mrъknuva se, zamrъčěva se, smrъčěva se es wird dunkel. mъgli se. zaobláčjuva se es umwölkt sich cank. světka sъ, světne se. simne se (Urform svьtnetъ), sьmnuva se, osъmne, rasimne se, rasьmnuva se es tagt. tъmněje se, zatъmní se, zatъmněva se es dunkelt. zahladěva se, zahladí se es wird heiter cank. Daneben vali dreben grad, vali grahol il grésille bog. ide, vali grad es hagelt. dъžd vali, leti, vrъne es regnet. páda rosá, slaná es thaut, reift cank. poledica, snëg ide, vali es schneit, es glatteist cank. zora se zazorila. vali und das oben angeführte vrъnet für es „regnet" setzen subjectische

Wendungen voraus. Serb. *daždi. kiši. siši. grmi. sijera.* Daneben *sijera, meće svjetlica. ide, nalazi, pada kiša. grad, led, magla, mraz, rosa pada. dažd, snijeg nahodi. grad bije. kad jutro osvanulo* pjes. 4. 76. Klruss. *blyskaje. hremyť. dúje* es tagt. *rozvydńilo śa. svita. zamerzło.* Subjectisch: *došč ide, lle. hrad, śńih ide. śrit srytaje.* Russ. *gremitъ. zavesnjaetъ (stanetъ resna)* es leuzt. *razsvêtaetъ. razsvêlo* es ward Licht. *sverkaetъ, sverknulo,* wobei Vostokovъ hinzufügen möchte *nêčto, čto-to. svêtaetъ* lucescit. *temnêetъ. livmja lъetъ* und *doždъ livmja lъetъ* es giesst. *vyzvêzdilo* die Sterne fiengen an zu glänzen Turgenevъ, Vešnija vody xx. *brezžitъ sja, zabrezžitъ sja* es wird Licht, Tag. *doždítъ. projasnêlo. morozitъ* es friert. *morositъ* il bruine. *maritъ* es ist drückend heiss: volksthümlich. Subjectisch: *idetъ doždъ, gradъ, snêgъ. molnija sverkaetъ, blistaetъ. rosa padaetъ. gromъ zagremêlъ* var. 84. *gromъ gremitъ. doždítъ* in *gospodъ doždítъ na nivy* ist transitiv. Čech. *prší, poprchává. mží. sněží. lilo. z čista jasna uhodilo. svítá. rozedniva se. šeří se. hřmí. blýská se.* Subjectisch: *velicí hromoré hřímali čap. hrom z čista jasna uhodil* us. *pršeli husti deštoré* vel. *svítá svítáníčko* crb. 118. Slovak. *zbriežďilo sa. rozjasní sa. bo sa už rozvidnievalo. už sa bolo ztmilo. zvečerilo sa. k večeru sa chýlilo.* Poln. *grzmi. blyska. dżdży. mży. marznie. dnieje. taje. świta, świtało. tam się pochmurało, kędy świtać miało. dolineczką wymokło* volksl. *wieje* es weht. *zmierzcha się. dymi się. lało. zanosi się na deszcz. płynie na grzeszne siadła* pluet laqueos małg. Subjectisch: *deszcz pada. leje, pada* setzen eine subjectische Wendung voraus. Oserb. *(vone) rima, rimoce* tonat. *vone se błóska* es blitzt. *vone se mróči* es umwölkt sich. *(vone) merzńe* es friert. Subjectisch: *deščik, sněh džo. krupó da* es hagelt.

Lit. *griauja* es donnert. *švinta* es wird hell. *aúšta* der Tag bricht an. *lija* es regnet. *bůro lijusi* es hatte geregnet. *sninga* es schneit. *žaibúja* es blitzt. *triska.* Subjectisch: *ledai krińta* es hagelt. Lett. *aust* es tagt. *list* es regnet. *milst* es wird finster. *sńg* es schneit. Subjectisch: *dina aust* es tagt. *litus list* es regnet. *sńgs sńg* es schneit.

Deutsch. Nhd. *es abendet, blitzt, donnert, dunkelt (ist dunkel), eist, fisset (regnet dünn), friert, giesst, glatteist, graut (der Tag graut), grommelt* tonat, *grünt, hagelt, heitert sich auf, herbstet, laubt, lichtet, maiet, märzt (in den April, es aprilt in den März).* mhd. *morgenet, nachtet, nebelt, regnet (einen starken Guss), reift, schattet (wirft Schatten), scheint (Sonne, Mond), schlägt ein, schlägt aus, schlosst, schmilzt, schneit (tiefen Schnee), sommert, staubt, stürmet, tagt* diescit.

(ahd. *iz wirtit zi taga*), *thaut* rorat, engl. it dews, *thaut auf* il dégèle, engl. it thaws, *trieft, weht (es weht der Wind, es weht einen ungestümen Wind), wetterleuchtet, wintert, bewölkt sich*. „*es schneit*" ist nach Bolzano's Wissenschaftslehre eigentlich: „Die Vorstellung von einem Schneefalle in der jetzigen Zeit hat Gegenständlichkeit". Nicht hieher gehört *es jahret*. Got. *rignida svibla jah funin* pluit sulfure et igne. Lat. *lucescit. diluculat. gelat.* rorat (*imbrem*). *pluit (sanguinem, lapidibus). ningit. grandinat. lapidat* es regnet Steine. *fulgurat. fulget* es blitzt. *fulminat. tonat. lucet* es ist Tag. *lucescit. vesperascit*. Einigen von diesen Verben findet man manchmahl deus, coelum hinzugefügt.

Roman. It. *balena. grandina. nerica. piove, ha piovuto. era nevicato*, mit und ohne *egli. come la rena, quando a turbo spira* wenn es wirbelartig weht Dante. Fz. *il gèle, neige, pleut. il a gelé, neigé, plu*, jetzt stets mit *il*. Rumun. *tĭnę* tonat. *fŭldžĕrę* es blitzt. *bureázę* es reift. *nĭndže* es schneit. *ploáo* es regnet. *ĭnnopteázę*, mrum. *nopteadzę* mostre n. 18. es nachtet. *sę ĭnsęnĭnę* es heitert sich auf. *ĭnseárę, sę fǎtše seárę* vesperascit. *ĭnnoreázę* es umwölkt sich. *ĭnjjeátsę* es friert. Mrum. *bumbuneázę* es donnert. *nouázę* es umwölkt sich. *skápĭrę* es blitzt bo. 106. *bumbuneadzę, sfŭldzereadzę* mostre n. 105. Man vergleiche *se fǎtše zi, se ręvárse de zi* es tagt. Mrum. *fękundu-se seárę* indem es Abend wurde ev.

Griech. βροντᾶ. ὕει. ἀστράπτει. νίφει. ψεκάζει. σημαίνει (μεταβολὴ τοῦ ἀέρος γίγνεται). ὁ θεὸς ὕει herod. συσκοτάζοντος τοῦ θεοῦ polyb. Ngriech. ἐνύκτωσε. ἄρχισε νὰ χαράζῃ: daher τὰ χαράγματα die Morgendämmerung. ἕσον νὰ ῥέξῃ, ἐξημερώσῃ bis es tagt volksl. Aind. *vidjōtatē* es blitzt. *stanajati* es donnert. *varšati* es regnet. In diesen Verben tönt nach Benfey das Subject ziemlich stark durch. Der zend. Ausdruck *rārenti* es regnet beruht, wie der Plur. zeigt, auf einer subjectischen Wendung. Zig. *bliskinel* es blitzt slav. *hrminel* es donnert slav.: *rodál* ist dunkel. *chárasil* es tagt: χαράζει. *strafil* es blitzt griech.; in passivischer Form: *biavélŏrel* vesperascit. *dísjola* diescit. *paghosáĭlo-tar* es fror: ἐπάγωσε. *arátorel, ratŏl* es nachtet.

Magy. *csik* es regnet. *szemzik* es rieselt. *havaz, harazik* es schneit. *villámlik* es blitzt. *hajnalodik, hajnallik* es dämmert, die Morgenröthe bricht an. *nappalodik* es tagt. *reggelik, reggeledik* es wird Morgen. *estellik, esteledik* es wird Abend. *harmatozik* es thaut usw. Subjectisch: *eső esik* es regnet, pluvia cadit. *hó esik*

es schneit. *jég esik* es hagelt Toepler 188. *ik* ist ein Reflexiv-Suffix Müller, Grundriss 2. 2. 226.
Vergl. F. A. Pott, Zeitschrift 2. 431. Zeitschrift für Völkerpsychologie 3. 339. 342. 343. 345. 347. 348. 349.

3. Sätze, die Affectionen des Leibes oder der Seele ausdrücken.

Das Verbum bezeichnet körperliche oder Gemüthszustände (Verba sensuum et affectuum). Mit demselben wird der Accus. oder Dat. der afficierten Person und der Gen. der Sache verbunden.

Slav. Nslov. *odleglo mu je* es ist ihm leichter geworden. *srbi me* es juckt mich. *žeja me* mich dürstet. *skrbi me. zebe me* es friert mich. *meni se vnoža:* mhd. mich bevilt. Bulg. *pripáda mi* ich werde ohnmächtig. *srъbi me. mrъzi me* ich bin faul, verdriesslich. *dosrameje, dosramêva me* ich schäme mich cank., das wohl nicht mit dem Subjectnomin. verbunden wird. *če si im je natežalo* mil. 51. *pomile mu za těh* illorum eum misertum est. *na Marka je mnogo domъčnêlo* slav. 6. *se nažali Patronê* mil. 61. *nemu nê mu j baš za usce te* er kümmert sich nicht um die Schafe. Ebenso *žal mi je za narod. zarad tuj mi j žalno* Vinga. *Janki* (Dat.) *sê žalba naždilo, tuga natъžilo* Janka würde es traurig, wehmüthig volksl. ist nur durch die Annahme erklärbar, dass *žalba, tuga* in der Function des Instr. aufzufassen seien. Serb. *odmah bi mu odlahnulo*. Klruss. *polehšalo, polipšalo batku* nom. 35. *hde koho ne sverbyt, tam śa ne čuhraje* sprichw. *jemu ne do soly* posl. 38. Russ. *menja mutitъ* j'ai des nausées. *esli vamъ ne do menja* wenn euch an mir nichts liegt. Ebenso *žalь mně sego naroda*. Čech. Slovak. *jej odlahčelo. bačovi odlahlo na srdci. ziabe mä*. Poln. *świerzbi mię*. Lett. *man* (Dat.) *slápst* mich dürstet. *man nês* mich juckt es biel. 330.

Deutsch. Nhd. *mich dürstet. mich hungert. mich schläfert. mich essert. mich gelüstet. mich erbarmet seines Elends. Gott* (Accus.) *erbarm's. es schwindelt mir;* engl. I am giddy, fz. la tête me tourne. *es schwindet mir* (ich werde ohnmächtig). *es behagt, gefällt mir dort,* fz. subjectisch: je me plais usw. *es juckt mich. es friert mich. es brennt mich. dem Vater grauset's. mir erinnert, gedenkt dessen. dem Schiffe gedachte seit 1804*. Wenn Sätze wie „diese jammerte das gross Elend in Juda" als subjectlos angesehen werden, so ist dies offenbar ein Irrthum: anders ist es bestellt mit „*es jammert mich des Volks*"; „*dem Räuber jammerte des armen Teufels*"; mhd. „*nâch denselben dingen jâmert mich*". Seltsam ist *mich fürchtet* für *ich fürchte* Grimm, Wörterbuch 4. 704. Ähnlich ist „*es schwitzt mich*" bei F. A. Wolf für „*ich schwitze*". Ahd. *mih langet* desidero, *mih lustet, mih slâphôt* dormiturio, *in thir gilicheta mir* in te complacuit mihi marc. 1. 11. Mhd. *mich grûset, mich betrûget*. Engl. *it remembreth me upon my youth* Fiedler und Sax 2. 115. Aengl. *me thursteth, me hungreth*: jetzt *I am thirsty, hungry*. Ags. *me thyrst, me hyngradh*. Goth. *mik gredoth, mik huggreith, mik thaurseith*.

Lat. *miseret, piget, poenitet, pudet, taedet* mit dem Accus. der Person und dem Gen. der Sache. Hieher gehören auch *interest* und *refert*.

Roman. It. *ricorditi di Pier da Medicina* Dante, *di chiamarmi a se non le ricorda* Petrarca, *se ti cal di me, a niuno caglia più di me che a me*. Fz. *il lui démange, il m'en cuit, il m'en souvient* neben dem subjectischen *je m'en souviens, il ne me chaut de cela*. Afz. *il ne lui chalt, de quel mort nous mourions*.

Griech. θεοῖσιν εἰ δίκης μέλει, etwa: wenn den Göttern der Gerechtigkeit gedenkt. μέλεταί μοί τινος; subjectisch: ἀνθρώποισι μέλω, etwa: ich bin den Menschen im Gedächtnisse: μέλ, aind. smar, gedenken. Man beachte it.-griech. *me difsái διψᾷ, me pinái πεινᾷ, me riái ῥιγᾷ* mich dürstet, mich hungert, mich friert Morosi 177.

Bei *pudet* und den andern lat. Verba derselben Construction musste nach der Ansicht einiger Grammatiker ursprünglich deutlich ein Subject ausgedrückt sein und *pudet* den Accus. regieren, wofür auf das plautinische me quidem haec condicio nunc non poenitet und auf non te haec pudent? bei Terenz und ähnliche Kühnheiten hingewiesen wird. Dabei wird an die subjectischen deutschen Verba wie „*mich schmerzt, quält, peinigt*" usw. erinnert. Dagegen darf vor allem eingewandt werden, dass die Form der fraglichen lat. Verba uns kaum berechtigt sie für Transitiva zu halten, dass die Form uns in denselben eher solche Verba erkennen lässt, die einen Zustand bezeichnen, die daher mit den Verba wie *hungern, schläfern* usw. in *mich hungert, mich schläfert* usw. zusammengestellt werden müssen. Die syntaktische Regel wird etwa so lauten: die einen Zustand bezeichnenden Verba haben die von diesem Zustande afficierte Person im Accus. neben sich

Benfey, Götting. gel. Anzeigen 1865. 1792. Dasselbe gilt vom got. *kara ist mik* und vom slav. *strahъ mę jestъ*, wörtlich: timor me est, in welchen Sätzen *kara* und *strahъ* zwar Nomin., jedoch nicht Subjecte sind, sondern zum Praedicat gehören, wie sich aus dem slav. *strahъ mę jestъ bylo*, nicht etwa *strahъ mę jestъ bylъ* klar ergibt. Vergl. Leo Meyer in den Verhandlungen der xx. Philologen-Versammlung 120.

4. Sätze, die Sinnesempfindungen ausdrücken.

Das Verbum bezeichnet einen Zustand oder Vorgang, einen erschallenden Laut, einen Geruch, eine Lichterscheinung. Die meisten der hier verzeichneten Verba können durch Vorsetzung von „etwas" subjectisch werden: dieses „etwas" ist genauer Bestimmung fähig. Bei einem gewissen Scheine am Nachthimmel ruft man „*es brennt*": subjectlos. Der nächste Tag berichtet, dass „*ein Haus brannte*": subjectisch. Dies ist unanwendbar bei „*es regnet*" usw.

a) Slav. Klruss. *v joho ruchach zadzveñilo j zašumilo i zašelestilo.* Russ. *derjatъ časorъ ešče ne probilo. šumitъ vъ ušachъ.* Cech. *křičelo, že hoří. volalo.* Slovak. *riac ani ne šuchlo. zahučalo v povetrí.*

Deutsch. Nhd. *es knistert, murmelt, raschelt, rauscht, saust, säuselt, toset; es krächzt, summt, zirpt; es wird geblasen, es läutet, es platscht, es klatscht, posaunt, ruft, schlägt, schreit, trommelt; es hat trompetet.* buccinatum est. *wenn's von allen Zweigen schallt.*

Roman. Rumun. *strígę, strígę; tšíne strígę? strígę George* es ruft; wer ruft? volksl.

In Sätzen wie σημαίνει, ἐκήρυξε wird ein unbestimmtes Subject angenommen; dasselbe wird von σημήναντος behauptet: wenn man jedoch σαλπιγκτής oder κήρυξ hinzudenkt, dann ist das Subject nicht mehr unbestimmt. Die Sätze werden richtig so gedeutet wie das deutsche „*es trompetet*", sind daher subjectlos. Anders ist zu beurtheilen uslov. *zvonil je, klical je, deset je odbila,* alles subjectisch, dagegen *po ušesih mi je zvonilo* subjectlos.

b) Slav. Nslov. *po rožah diši* es riecht nach Rosen. Bulg. *miriše na prolêt* es riecht nach dem Frühling. Russ. *vъ rozduchê pachlo rezedoj* es roch nach Reseden. *dymkomъ popachiraetъ. otъ rozy vêjalo drugimъ, ešče bolêe tonkimъ zapachomъ. smorčekъ, otъ kotorago otdavalo postnymъ maslomъ. izъ razsêlinъ kamnej bilo krêpkoj* svěžestьju, zapachomъ kamfory i muskusa neslo otъ vsej osoby starika nach Kampher und Moschus roch die ganze Persönlichkeit des Greises. Metaphorisch: porějalo na nego stepnoju glušьju. Subjectisch: ženskij zapachъ porějalъ na nego turg. Deutsch. es brenzelt, mufflet. c) Slav. Čech. když v městě hoří, u sousedů hoří, pilno mu, jakoby hořelo. Poln. na ogień ukazując mowił: tam gora, gwałtu! gore! Deutsch. es brennt, da flackert, es flimmert mir vor den Augen, in den Augen schimmerte es nass.

5. Sätze, welche eine Gewalt durch ihre Wirkung ausdrücken.

Das Verbum dieser Sätze ist transitiv, die Sache wird daher durch den Accus. bezeichnet: *es schüttelt mich;* dazu tritt in vielen Fällen ein Instrumental, der dasjenige ausdrückt, was unserem schulmässig gedrillten Verstande als Subject erscheint: *es trug mich mit dem Sturmwinde fort,* wofür wir sagen: *der Sturmwind trug mich fort.* Man spricht hier von einer causa occulta, während man von einer causa sprechen sollte, deren man sich nicht bewusst ist: darauf kommt es an.

Slav. Xslov. *bode me* es sticht mich. *po vsěh udih me je trgalo* es riss mich in allen Gliedern met. 284. Bulg. *trese me* es schüttelt mich cank. Klruss. *u vzduši ne trjase j ne pódkydaje* rozm. 25. *jak ich sudna porozbyralo j potopylo v mori* wie es ihre Fahrzeuge zerschlug usw. *flot tureckyj roznesло po morju* die türkische Flotte zerstreute es usw. *klučyk rychopylo u mene z ruk* das Schlüsselchen riss es mir aus den Händen rozm. 11. *u Petra duch zachopylo u grudjach. ščo b očej ne derlo* nom. 6. *rychrom mene poneslo* es trug mich mit dem Sturmwinde fort rozm. 28. *ščo b tebe horoju pódňalo!* nom. 72. Russ. *menja trjasetъ, tjanetъ. menja tošnitъ, u menja tošnota,* poln. *mię teszno* pop. 152. *menja rvetъ, ja rvu* vomo ib. *ego rvetъ želčьju* il vomit de la bile: *rvatь rumpere. u nego skreblo na duši. po selomъ dubie podralo* es riss Bäume um chron. *rynjalo by dušenьku rъ sacharny usta, položilo bъ dušenьku na peleny. podnjalo by dušenьku na nebesi, položilo bъ dušenьku na presvětlyj raj* es nahm das Seelchen in den zuckersüssen Mund, legte das Seelchen auf die Windeln, trug das Seelchen in den Himmel, legte das Seelchen in das lichte Paradies bezs. 1. 49. *na moře korablikъ ponosilo, ko Rymu ko gradu primy-*

Subjectlose Sätze. 4

kalo bus. 2. 159. *chrostъ ego i primorozilo* skaz. 1. 2. *čto bъ tja pristrělo!* dass es dich träfe! bus. 2. 153. *sъ tonka zavěvaly rětry bujnye, muraru-travu vsju razmuvarilo* var. 97. *ponimala sъ pogoduška so richoremъ, razueslo peski krutoželtye* 104. *sanina slegka pokorobilo* turg. *Richmana gromomъ ubilo* es hat den Richman mit dem Blitz erschlagen bus. 2. 159. *na okonnicachъ steklo uzorami zavoloklo* es hat in den Fenstern das Glas mit Figuren überzogen ib. *cholodnoj drožъju zlodějku obdalo* ib. *bureju korablь razbilo* es hat das Schiff mit dem Sturm zerschmettert ib. *větromъ to dеrеvо slomilo* es hat mit dem Wind den Baum gebrochen ib. *ne doždikoma běloe lico smočilo, smočilo běloe ličiko slezami* nicht mit Regen hat es sein weisses Antlitz benetzt, es hat sein weisses Antlitz mit Thränen benetzt ib. Čech. *hazalo nim po kostele* es schleuderte ihn in der Kirche herum suš. 28. Slovak. *a by ta porantalo! mladenca ztriaslo od ľaku. srdce jej stislo. div mu ruku ne odtrhlo. či ju do povetria uchytilo. materi spať ne dalo.* Poln. *razilo go piorunem.*

Lit. *mán ãrį pàrogė* es hat mir den Schlaf gestohlen Kurschat 361.

Deutsch. Nhd. *es packt, rüttelt, reitet mich. es treibt ihn fort. es hat mich gewürgt* (beim Brechreiz). *es hat die Thüren auf- und zugeworfen. es macht, legt, setzt einen tiefen Schnee. es hat Eis gemacht. es setzt Eis. es hat einen Kracher gemacht;* dial. *es setzt einen Raub. es setzt heute Schläge ab.* Hieher gehört nhd. *es macht Wetter.* mhd. *ëz tuot wëter,* wie fz. *il fait beau temps. da ergreift's ihn die Seele mit Himmelsgewalt* Schiller. *unterdessen packte es mich mit etwas Unruhe und Ungeduld* Lang 1. 212. And. *hönum skaut skelk î bringu* es schoss ihm einen Schrecken in die Brust. *her hefr up sögu* hier beginnt es die Sage, wörtlich: hic incipit fabulam Grimm, Wörterbuch 3. 1111. *snæ leggr* es legt den Schnee. *lagdhi â norrænur ok thokur* es legte Nordwinde und Nebel auf. *kastadhi thâ enn hreggi îmôti theim* es warf da noch Platzregen ihnen entgegen. *en thâ rak restr* es verschlug sie westlich. *laust thâ eldinum i fidhri* es schlug mit Feuer in's Gefieder. Mitgetheilt von K. Tomaschek aus Dietrich's and. Lesebuche.

Roman. Fz. *il fit un grand coup de tonnerre.* Hieher gehören eigentlich Phrasen wie *il fait beau,* die unter IV. angeführt werden; ebenso nhd. *es macht Wetter.*

6. Sätze, die das Geheimnissvolle, Gespenstige
ausdrücken.

Slav. Čech. *zde straší.* Poln. *straszy.* Russ. *tamъ roditъ, tamъ zaroditъ* da spukt es bus. 2. 153. Subjectisch: *domovoj šalitъ, roditъ sja. čerti rodjatъ sja.* Deutsch. Nhd. *es spukt* (subjectisch: *im Hirn spukt mir ein Märchen). es geht, wandert um. es geht irre im Haus. da kom's hervor wie Menschenhand.* Ebenso: *hier ist's nicht geheuer* nach IV.

7. Sätze, die einen Mangel oder das Gegentheil
ausdrücken.

Das Verbum bezeichnet einen Zustand oder Vorgang; der davon Betroffene wird durch den Dativ, die Sache slavisch durch den Gen. bezeichnet.

Slav. Aslov. *da (je)mu otъ čisla ne ubudetъ, nъ pribudetъ,* dass er an Zahl nicht abnehme usw. hom.-mih. *sjaknuti načatъ rody* ἡλαττονοῦτο τὸ ὕδωρ gen. 8. 3. Nslov. *ne zmanjka ne môke ne olja* es fehlt weder an Mehl noch an Öl ravn. 1. 221. *živeža jim primanjka.* Serb. *da im blaga ne bi primanjkalo* pjes. Kluss. *syly doburaje* die Kraft nimmt zu pryp. 25, wörtlich: an Kraft nimmt es zu. *hde rozumu ne staje. daly chliba, koly zub ne stalo* wo die Zähne fehlen sprichw. Russ. *siluški ѵъ nichъ ne umenьšilo sь* exercitus eorum non imminutus est ryb. 1. 161. *znanija emu ne dostavalo* es fehlte ihm an Kenntniss. *ležuči u Ilьi rtvoe sily pribylo* die Kraft vermehrte sich bus. 2. 331. Čech. *ubýrá dne* der Tag nimmt ab štit. *težkostí přibýrá* br. *v starosti rozumu a paměti uchází* kom. Slovak. *nám sadla pribudlo.* Poln. *a by ku złotu złota przybywało* koch. 1. 84. *bogactw przybywa, cnoty ubywa* knap. *brakuje koni* es fehlt an Pferden laz. 291. *zbywa mi pieniędzy, na pieniądzach. co ty poczniesz, jak mnie nie stanie?* wenn ich nicht mehr sein werde mal. 442.

Lett. *trūkst mūzes un drānu* es fehlt an Brot und Kleidern biel. 281.

Deutsch. Nhd. *es gebricht mir daran. es mangelt an Geld. ich muss schauen, woran es fehlt,* verschieden von *was fehlt. nun bedurfte es keines Kampfes. für den Poeten bedarf's nur euern Witz und Wein.*

Griech. οὐδέ τί σε χρὴ ταύτης ἀφροσύνης nec quicquam tibi opus (est) hac dementia il. 7. 109. μυθήσεαι ὅττεό σε χρή loqueris, quid tibi opus (sit) od. 1. 124. εὐβουλίας δεῖ. τέχνης δεῖ τῷ μέλλοντι ἐρᾶν. δεῖ hängt mit sind. das, upadas versiegen, ausgehen, mangeln, fehlen zusammen.

8. Sätze, die abstracte Verhältnisse ausdrücken.

Die Verhältnisse werden durch die einen Vorgang oder einen Zustand bezeichnenden Verba „gehen, stehen, sein" usw. ausgedrückt. Bulg. *da mu odlekne* dass es ihm leichter wird. Kruss. *ide o horło* posl. 48. *o našaju to skôru chodyt* 91. *ne k rôzdt u jde* nom. 12. Russ. *koli na to pošlo.* Čech. *jim o statky a hrdlo běželo* vcl. *na tom stanulo* dabei blieb es. Slovak. *lebo mi šlo o hanbu.* Poln. *idzie im o rzecz. chodzi o to* es handelt sich darum. Lett. *man labbi klājas* mir geht es gut biel. 347. 348: *klājas* es fügt sich.

Deutsch. *Mit der Sage hat es.* subjectisch: *die Sage hat diese Bewandtniss. es geht ihm um den Kopf. es geht mit dieser Sache wie mit der andern.* auch fz. subjectlos: *il en va de cette affaire-là comme de l'autre. wie geht es mit deiner Gesundheit?* fz. subjectisch: *comment va votre santé? damit wird es nicht so gehen cela n'ira pas. wenn es nach seinem Sinne geht. in Zucker geht es still il y a peu de débit en sucre. es geht gegen den Morgen. draussen gieng's Thür auf Thür zu. es geht an. wie wird es mir ergehen? que deviendrai-je? da giengs recht feierlich zu.* Gegen die Subjectlosigkeit von „es geht" wird bemerkt: „*es*" in „*es geht*" ist oft nicht eigentlich das allgemeine Subject, das als unbestimmter Begriff doch so Bestimmtes zu leisten hat, sondern der Vertreter eines im Zusammenhange ausgesprochnen oder verborgnen Begriffes, der das Subject darstellt, so z. B. *daz spil gêt* und *ez gêt. so weit ist es mit mir nicht gekommen. es steht damit besser. es gelte den Versuch. mit mir ist's aus. es zuckte dunkel durch mein Hirn.* Man füge hinzu wimmeln, sich lebhaft durch einander bewegen: *es wimmelt von Ungeziefer, in den Strassen wimmelt es von Menschen* neben dem subjectischen: *die Strassen wimmeln von Menschen. heut' geht's auf's Eis. wo geht's nach Weimar? immer stärker drängte es hinein.* Kühn ist, wie mir scheint, folgendes: *ich ziehe hin, wo wild es von Rossen stampft* Bodenstedt, Die poetische Ukraine 42.

II. Subjectlose Sätze mit einem Verbum reflexivum.

Das Verbum bezeichnet absolut einen Vorgang oder Zustand: it. *si va* itur, oder mit Beziehung auf eine Person und

eine Sache. Die Person wird durch den Dativ, die Sache durch
den Genetiv bezeichnet: uslov. *drêmalo se mi je*, wörtlich: mihi
dormitabatur. poln. *chce mi się tego*, wörtlich: cupitur mihi hujus
rei. In vielen Fällen bezeichnen die hier angeführten Sätze unwillkürliche Lebensäusserungen.
Slav. Aslov. *ne ugoditi se ramb ouk ἔσεσθαι ἔσται ὑμῖν* num. 40. 41:
zweifelhaft ist *čimb osoliti sę? ἐν τίνι ἁλισθήσεται*; matth. 5. 13. *kako
ti se tъštitъ?* hom.-mih. Nslov. *zori se. s čim se bôde solilo!* womit wird man salzen? *rnoža se mi* mhd. mih bevilt. *drêmalo se
mi je* dormitabam. *svinjine se mi je zaželêlo* mich verlangt nach
Schweinefleisch. *zêha se mi* oscito, eig. oscitatur mihi. *kolca se mi*
ructo. *meni se domu mudi* il me tarde. *polzi se nogam* pedes vestigio
falluntur lex. *po klobasah se mu riga. konj se mi je smililo* equorum
sum misertus, wofür, wie man meint, gebräuchlicher *konj se mi
je škoda zdêlo. tôži se mi* ich bin unaufgelegt, verdriesslich, eigentlich: mihi lugetur. *po druzih jedeh se jim tôži* alios cibos cupiunt
ravn. 1. 114. *hoče, noče se mi (česa). pisavcem se ne vjêma* die
Schriftsteller sind nicht einig. *dobro se ti bô postrêglo. dobro ti
se jê* es schmeckt dir hrvatske nar. pjesme 3. 20, wörtlich: bene
tibi editur. *če mêni, da se smê komu pririco prizadêti* ber. 8. 153.
boljšiga daru (Gen. für den Accus.) *bi se ne moglo dati ranjencu*
melius donum dari non posset ravn. 2. 124. Man hört *kmete se
vidi na polji in jih se je videlo* und sieht hierin eine Nachahmung
des It., wie mir scheint, mit Unrecht, wie die andern slav. Sprachen
zeigen: *kmetje se vidijo* kann als Reflexiv aufgefasst werden; jenes
ist passiv-reflexiv. Bulg. *blъska se. zazorêva se. mrъknuva se. stъmnilo se il* fit obscur. *zaoblači se* es hat sich bewölkt. *piše se* man
schreibt. *sъs kakro da se soli? 'spi se, hodi se* dormitur, ambulatur.
mъčno mi se stajaše prav ich stand mit Mühe aufrecht manč. 87.
menê mi se dodrêmalo mich schläferte. *têm se drême neben tü
drêmъt,* mit einem leisen Unterschiede. *hodi, jede, pije, spi mi se*
ich habe Lust zum Gehen, Essen, Trinken, Schlafen. *spálo mi
se bê. smêjte se, dorde vi se smêje* lachet, so lange ihr Lust zum
Lachen habt čol. 223. *igraje li vi se?* habt ihr Lust zu Spielen?
na kozelъ t se pilo voda den Bock dürstete nach Wasser manč. 40.
dúma mi se ich möchte reden. *ne mi se sedi* ich mag nicht sitzen
manč. 112, eigentlich: mihi non sedetur. *bašta mi, na kogo to mu
se ište, da hortuva sъs ras* mein Vater, der mit euch sprechen
möchte čol. 132. *poiskalo se u nej* sie wollte manč. 27. *mi se šte*
ich will. *pošte, poštêva (*pohъtêvajetъ) mi se* ich habe Lust cank.

na Stojanča se prištelo Stojančo verlangte manč. 16: diese mit *iska* und *hotě* zusammenhangenden Verba sind subjectlos, weil sie bulg. ideell mit einem casus obliquus verbunden werden. *ne mi se trъpi il* me tarde bog. *nemu mu se j nažalilo. porěnuva mi se* ich habe Lust cank. *potrise, potrisjuva mi se* ich empfinde Eckel cank., eigentlich: es schüttelt mich. Ob wohl *gnídi se* es bilden sich Läuse bedeutet? Im bejahenden Falle wäre *gnídi se* ein Seitenstück zu λιθοῦται für λίθος γίγνεται. Die subjectische Wendung beruht wohl auf der Declinationslosigkeit: *už mu se ne jadjat čerěsi* er will nicht mehr Kirschen essen manč. 73. Kroat. *žaja mi se sitio* hung. *meni se ne grusti* luč. 11. *nje mi se li htiše* nur nach ihr verlangte mich 29. *žrtva, ke broju konca se ne daje* cujus numeri finis non datur budin. 10. *nit se vidi konja ni junaka* man sieht weder Ross noch Held volksl. *kad ga (zeca) se ulovi, kad se ga (srnjaka) nastrieli* hrvatske narodne pjesme VI. 55. Serb. *vedri se. magli se. oblači se. rosi se. ide se itur. i do sad se je djererivalo* posl. 96. *za onu se derojku pročuje do cara* das Gerücht gelangte bis zum Zaren prip. 178. *e se hoće jutros umirati* pjes. 5. 94. *jednom se radja, a jednom se umire* posl. 113. *ražali se slugama* prip. 165. *jednako joj se hoće svatova* posl. 72. *za cara malo mu se mari* er kümmert sich wenig um den Zaren pjes. *puču puške, broja se ne znade*, wörtlich: numerum non scitur pjes. *da se izmisli silu drugijeh umještva* vladis. 130. Klruss. *smerkaje śa. chmaryt śa. de śa dvom raryt, tretyj śa požyryt* ubi duobus coquitur usw. pryp. 25. *tomu lehče zdychaje* der athmet leichter nom. 30, wo man śa erwartet. *zachtilo mu śa v petrôvku zmerzloho* 35. *naj śa tobi ne bažyt pečenoho chlíba* verlange nicht nach usw. posl. 73. *hadalo śa myńi* 3. *tak dumalo śa myńi* ita mihi cogitabatur 20. *čy jomu ne dobre doma žylo śa?* ei bene vivebatur. Dunkel sind *rydno, vydko śa, dymno śa:* man erklärt diese Ausdrücke durch *rydyt śa, dymyt śa* und vergleicht poln. *widaé sie* Archiv 6. 109. Dazu kommt *temno śa (jak v rózi)* posl. 117. Russ. *spitъ sja. zasnulo sъ sladko* bus. 2. 154. *ičetъ sja sъ golodu, a drožitъ sja sъ cholodu* ib. *ikaetъ sja mně* j'ai le hoquet. *umnožilo sja bratъi* fratres multiplicati sunt chron. *takъ roditъ sja rъ srětě* das ist der Lauf der Welt. *mně dumaetъ sja* neben *ja dumaju:* jenes ist mihi cogitatur, dieses ego cogito. *emu ne čitalo sъ* il lui fut impossible de lire. *poetъ sja mně, poju, ne veselo, molčъ*, d. i. wohl: wenn ich Lust zu singen habe usw. *pělo sja solovjušku rъ roščicě vesnoj* canebatur lusciniae usw. die Nachtigall sang usw. bus. 2. 154.

lisicě ne spitъ sja vulpi non dormitur skaz. 1. 6. *emu počudilo sь. zachotělo sь mně mjasa lebedinago* concupivi carnem cygni ryb. 1. 204: der Inf. nach *chotětь sja* ist demnach Vertreter eines Gen. *troej ženě udolžilo sja* karamz. 2. 332. *tutъ dostaetъ sja i gnilomu zapadu* da bekommt's auch der faule Westen. *ničego ešče ne ryjasnilo sь. stoskovalo sja u molodca po svoju rodimuju storonušku* es verlangte den Helden nach seinem Heimatslande ryb. 2. 265. *takichъ ljudej na světě bolьše ne vstrěčaetъ sja* solche Leute findet man nicht mehr usw. *u nego etogo ničego ne iměetъ sja* bei ihm kommt dergleichen nicht vor. *ne možetъ sja* cela va mal. *ne zdorovitъ sja emu* il est indisposé. *kakъ ej živetъ sja?* quomodo ei vivitur? „Russkij glagolъ samъ soboju, sagt N. Nekrasovъ 28, bezъ pomošči raznychъ městoimenij stoitъ nerědko vъ rěči kakъ podležaščee i skazuemo vъ městě; napr.: žilo sь, zalomilo sь, chudoboju vъ mirъ pustilo sь. čto žilo sь? čto zalomilo sь? čto pustilo sь? podobnye voprosy zděsь ne imějutь smysla?" Nach meiner Ansicht sollte in dieser Darstellung podležaščee fehlen, wie schon daraus hervorgeht, dass nach dem Subjecte nicht gefragt werden kann, während die Frage nach dem Prädicate gestellt werden kann: was geschieht? Čech. *svítá se. rozednilo se. šeří se. blýskalo se. všudy se tmělo. že se od hor mračí. pije, ji se. srpem se žne, a kosou se seká* kom. *dobrému se odplaty přimnoží* jungm. *toho se mi zželelo* darnach verlangte ich. *k noci se schyluje, noc se dělá* vel. *zžádalo se jemu víry křesťanské* er sehnte sich nach dem Christenglauben pass. *slituj se tobě toho* bart. *dostane se mi toho* kom. *musí dostati se jim odplaty. relmi se jim stýskalo břež. chce mu se chvály světa toho to* bart. *zodnechtělo mi se toho* kom. *a by sě ijednej škody ne stalo* kat. *ne nalezá se milosrdného. chtějícímu se žádné křivdy ne děje* volenti non fit injuria. *a ono se peněz ne našlo žádných* es fand sich kein Geld svěd. *ne běře se z jednoho vola drou koži* dobr. *troji ženě zlého se ne stane* suš. 10. *jak se mu vede?* wie geht's ihm? Slovak. *na pol míle sa mi od tej vóni kýchlo. nášmu člověku zdájchlo sa tu z hlboka. borovičků sa mu glglo. dobre sa mi vodilo* es ist mir gut gegangen. *tak to porodilo sa nim. začalo sa mu driemať. red sa mi tak dobre spalo. zachcelo sa jej jahôd. dostalo sa jim po tisíc zlatých. ozvalo sa jej tam z tých temných smrečín. trochu rozbrieždilo sa jim.* Poln. *wichrzy się. špi się, tedy się idzie do Krakowa* hac itur usw. *z Maćkiem się pijało, póki piwa stało* pieš. 56. *dzieje mi się nad moje zasługi* koch. 1. 165. *kiedy się ludzi skrzętnych namnożyło* 3. 18. *niegdyś, piękna* chwalo, za tobą się uganiało ehedem jagte man dir nach brodz. *dobrze się jadało kaszę z smalcem tłusty,* wörtlich: bene edebatur (edebat se) pultem usw. pieś. 196. *że się jej nudzi* dass sie Langeweile hat. *spalo mi się* mal. 2. 441. *zachciewa, chce mi się czego. zdrzymnęło mi się* mal. 2. 444. *kiedy się zna autora. kupuje się często takich rzeczy* usw. *kiedy się nie ma pieniędzy. powaźa się cnotliwych. tu się szyje bieliznę* neben *tu się nie szyje bielizny* mal. Oserb. *jemu so prarje sta* ihm geschah recht. *tu so tebi zle kleči* hier kniest du schlecht. *po vami so mi styskaše* um euch war mir bange. *mi chce so rybov* ich habe Appetit auf Fische. *tu so mi rostudži* hier habe ich lange Weile. *dyž so ći deŕe dže* wenn es dir gut geht seil. *tu so deŕe sejdži* hier sitzt sich's gut. *mi so zecné* ich wurde ohnmächtig schneid. Nserb. *rono se blyska, blyskoco. rono se grimoco* es donnert anhaltend. *rono se pogrima* zwahr.

Deutsch. Nhd. *hier schläft sich's angenehm. es sitzt sich hier schlecht. mit ihm spricht sich's gut. des Morgens geht sich's gut,* auch fz. subjectlos: *il fait bon marcher le matin. es gibt sich leicht, wenn man reich ist.* Altnord. wird gesagt: *mir versteht sich, es verirrt sich mir des Weges, mir wird umgesehen* für *ich versteke, verirre mich, sehe mich zufällig* (oder vielleicht unabsichtlich) *um* Zeitschrift für deutsches Alterthum vm. 52.

Lat. und griech. kennen diese Redewendung nicht. Hinsichtlich der Construction kann verglichen werden *tota mihi dormitur hiems* und τὰληθὲς ἀνθρώποισιν οὐχ εὑρίσκεται.

Roman. It. *non vuol che 'n sua città per me si regna* dass ich komme ut a me veniatur Dante inf. 126. *si viene. si vive. si era rivato* B. Buommattei. *vicesi qui, ma non si rien satollo. per me si va nella città dolente. vuolsi cosí colà dove si puote ciò che si vuole. non altrimenti si curara degli uomini* usw. *a quanti pericoli si è esposti, quando s' è in un posto più sublime.* Sp. *se anda. se viene. se vive. se puede ser honrado. no se es sempre criminal por parecerlo.* Rumun. *se doarme. se intúnekę* es wird finster.

Wenn es im Italienischen heisst: *qui si taglia capelli,* G. Galvani, Archivio Storico 14. 372, so scheint mir dies in Übereinstimmung mit den bereits untersuchten Erscheinungen zu stehen, indem ich meine, dass der Satz subjectlos und *capelli* der Accusativ ist. So erkläre ich auch folgende Sätze: *del suo legno (del bosso) si fa ottimi pettini* cresc. *quanto più semi si giugne insieme. quivi ove e campane non s' udira* Blanc 312. *dove si vende le candele* Vasari. *per gentilezza le pietre si muove* Tommaseo Canti 1. 55.

si ama la virtù amatur virtus ist dem lateinischen *ritam riritur* an die Seite zu stellen. *lo si loda* man lobt ihn, wörtlich: eum laudatur. Wenn die beiden zuletzt angeführten Ausdrucksweisen von den italienischen Grammatikern als incorrect bezeichnet werden, so können wir für ihre Richtigkeit ausser dem bisher Dargelegten nichts besseres anführen, als was G. Galvani darüber sagt: „De' quali modi, tuttochè vivi e verdi tra noi, non avendo trovato sin qui i grammatici una ragione sufficente, hanno avuto ricorso a giudicarli irregolarità ed anomalie popolari, piuttostochè proprietà intime del linguaggio bisognevoli d'essere cercate nella genesi del medesimo." Nach G. Gherardini, Appendice alle grammatiche italiane 168, sind in den oben angeführten Beispielen *pettini, candele* usw. allerdings als Accusative und nicht als Nominative aufzufassen, allein bei Gherardini hängt diese Ansicht mit der ganz unhaltbaren zusammen, „*si*" in diesem Falle sei aus dem lat. Pronomen „*is*" durch Umstellung der Buchstaben hervorgegangen. Auch im Spanischen begegnen wir nach derselben Theorie gebildeten Sätzen: *muy pocos reynos se halla* man findet sehr wenige Reiche. *díse á Ceuta* man übergebe Ceuta. *se le enterró* man begrub ihn. *arisarse puede á Carlos. se ofende á Dios* Diez 3. 295. *se le ha muerto* er ist getödtet worden. Wenn Diez bemerkt, dass nur der Spanier in dergleichen Sätzen das Nomen von dem Verbum abhängig zu machen sich nicht scheut, indem er das richtige Gefühl für die Fügung, nach welcher in *si vedono molte cose* das Nomen Subject, nicht Object sei, verloren habe, so erinnern wir an die oben citierten Worte Galvani's und berufen uns auf die hier vorgetragene Lehre überhaupt. Die Unterscheidung des wahren Reflexivs (egli si loda) von dem Passiv-Reflexiv (lo si loda, vi si prega) ist im Auge zu behalten: jenes erfordert den Nomin., dieses den Accus. Die spanischen Grammatiker erkennen dergleichen Sätze als correct an: „Cuando la sentencia (die III. singularis mit „*se*") toma el carácter de impersonal, se coloca el verbo en el singular, y lo, que es objecto de su accion, va regido de la preposicion á, verbi gratia: *se atropella á los desvalidos, se detesta á los malvados*" Salvá, Gramática Paris. 1846. 49. „Las frases de este giro pasivo, cuya explicacion gramatical ofrece mayor dificultad, son aquellas, en que, á mas de no aparecer, quien produce la accion, la persona, que la recibe, se halla regida por la á, contra el principio sentado en la página 109, de que nunca lleva el nominativo preposicion alguna; y ora sea aquella del número singular, ora del plural, esta siempre el verbo en el singular, de modo que la oracion tiene todo el carácter de impersonal. Muestranlo asi los siguientes ejemplos: *se me busca á mí. se nos pregunta á nosotros por el correo. se procesa á los criminales* 159. *se me hacia recio creerlo* Baralt 599. *se ama poco á quien no se atreve á amar á nadie"* 603. Eben so portugiesisch: *se sôa os grandes feitos* man verkündet die grossen Thaten Diez 3. 295. *Deus quer, que só a elle se ame. ninguem se deve amar, se não a um senhor tão poderoso* Paiva, Serm. 1. bei A. de Moraes Silva, Epitome da gramatica portugueza XV. vor dessen Diccionario. Lisboa. 1858. Die Frage, ob im Französischen *il se trouve des royaumes* das Nomen im Accusativ steht, wird von manchem Grammatiker vielleicht verneint werden. Eigenthümlich ist spanisch: *se me ha olvidado la leccion* ich habe die Lection vergessen. „Al decir: se me ha olvidado la leccion, bien se ve, que la leccion es la olvidada, y que yo soi el que la he olvidado" Salvá. 159. *La leccion* ist ein Accus. Der Satz erinnert, abgesehen vom Accus., an russ. *mnê dumactъ sja* mihi cogitatur für *ja dumaju*.

Zig. *ne sovel pe mandé ne spara mi se* non dormitur mihi.

III. Subjectlose Sätze mit einem Verbum passivum.

Das Verbum bezeichnet absolut einen Vorgang oder Zustand: bulg. *spano je* dormitum est, oder mit Beziehung auf eine Person oder eine Sache: die Person wird meist durch den Dativ, russ. durch den Gen. mit *u*, die Sache durch den Accus. bezeichnet: *u menja choženo* apud me (a me) ibatur. *consilia reperiendum est.* Klruss. *ošukano mene* deceptus sum, wörtlich: deceptum est me. Slav. Aslov. *bê ugobъženo ἦν ἡ εὐθηνία. glasъ truby uslyšano budetь* σάλπιγγος φωνὴ ἀκουστὸν ἔσται esai. 18. 3. *rybirano stroki* eligebantur lineae sbor.-kir. 24. *kjelie učišteno* georg.-mon. *ničъsože dostojno (-na) sъmrъti sъtroreno estь* o nemь οὐδὲν ἄξιον θανάτου ἐστὶ πεπραγμένον αὐτῷ luc. 23. 15. Man vergleiche *razumno bystъ Saulu srêtъ ihъ* ἐγνώσθη τῷ Σαύλῳ ἡ ἐπιβουλὴ αὐτῶν act. 9. 24.-slepč. neben *razumnъ* usw. šiš. Nslov. *dobro ti bô postrêženo. dobro ti bo postlano.* Bulg. *spano je* dormitum est. *pisano je* man hat sich mit Schreiben beschäftigt. *dzid zadzidano* liest man mit Befremden in einem Volksliede per.-spis. ix. x. 87. . Klruss. *pryvodženo do neko vśich nedužnych* adducti sunt ad eum omnes aegroti, wörtlich: adductum est ad eum omnes aegrotos. *zapsorano nebohu. vkynuto tebe v temnyću. zasypano karyj' oćy* obruti sunt nigri oculi pis. 2. 148. *za moje žyto šće mene byto* sprichw. *koneć sela zabyto rola* mactatus est bos pryp. 123. *jestli by jemu spravedłyrosty ne vyneno* stat.-lit. 379. Man vergleiche *pracdy ne rydko* posl. 23. *ne rydko dorohy* die Strasse ist unsichtbar 103. *ćutno buło v Rimi hołos. do Peremyšla słyšno* ves. 110. *śritu božoho ne vydno* nom. 14. Wruss. *z togo dereva kryžy stavljano* aus diesem Holze setzte man Kreuze bus. 2. 161. Russ. *bêgano* fugiebatur. *ideno* ibatur. *plakano* flebatur. *kakъ vъ Caregradъ naćehano* ryb. 1. 90. *sъ molodu bito mnogo, grableno, podъ starostь nado duša spasti* bus. 2. 156. *samoljubiju ego bylo połъšćeno. po kolêṅъ bylo u buruška vъ zemlju zarošćeno* bus. 2. 160, d. i. *buruśko vъ zemlju zarosъ. takoj kracavicy ne vidano i ne słychano* eine solche Schönheit ward nicht gesehen usw. ryb. 1. 37. *crêtnago platuja ne unošeno* bus. 2. 155. *u menja družiny ne privedeno* a me socii non adducti sunt ryb. 1. 249, wörtlich: apud me socios non adductum est. *u menja za malenъka bylo choženo*, wörtlich: apud me ambulatum est, d. i. ambulavi bus. 2. 282. Hieher gehört das passive Partic. mit *sъ* für *sja: u menja tri goda kakъ sosratano sъ* bus. 2. 282, d. i. *ja sosratalъ sja. u menja za malenъka da bylo boroto sъ* ryb. 2. 55, etwa: von mir wurde sich geschlagen. Die Adj. *vidno, słyšno* haben passivische Bedeutung: *vidno gorodъ* urbs videri potest bus. 2. 160. *słyšno muziku* ib. *ne słyšno ni pisku ne rereska* neque sibilus neque planctus audiri potest var. 174. Subjectisch: *videnъ gorodъ, słyšna muzika.* Čech. *město, v nĕmž bydleno bylo* br. *nebo bylo na ň žaloráno* pass. *spravedlivému na zemi odpłacováno býrá* br. *té noci málo spáno bylo* jungm. *žádného díla ne bude dĕláno v tĕch dnech* br. *parézy, ani kopí ne byla vidino mezi nimi* ib. Slov. *ftáčka vidno še boło* pov. 1. 23. Poln. *spano, siedziono, dopomožono, ziewano. odpoczęto. bano się. najedzono się. obžarto się. možono* im sechzehnten Jahrhundert mal. 2. 446. *już dawno na obiad dzwoniono* skarb. *czego mi czynić nie miano* koch. 1. 138. *tak dziano krolewnie sic* nominabatur regis filia 3. 83. *pospołu je pochowano* simul sepulti sunt chwal. 1. 19. *źwierz pochyłym stworzóno* koch. 3. 20. *miecze na lemiesze kowano* 3. 92. *z tego drzewa krzyże robiono. piędziesiąt dziewcząt turczynowi dano. przywieziono nam ziele* (Accus.) *od Węgier* volksl. *wstępu do miasta* (im) *zabroniono* laz. 293. *skończono rzecz jaką* neben *nie czyniono rzeczy jakiéj* mal. 2. 445.

Lett. ist zu vergleichen *nu ir dèrsgan dussèts* uun ist genug geruht worden. *tur nâu riss' bûts* dort ist man nicht gewesen. Dunkel ist *jāmirst moriendum est* biel. 130. 346. *jāmazgājas* es muss sich gewaschen werden 345.
Deutsch. Nhd. *es wird gegangen, gelacht, geliebt. Gott sei's gedankt. stets geforscht und stets gegründet, nie geschlossen, oft gegründet. es ist gestirnt* es stehen Sterne am Himmel. ahd. *sô iz kestirnet ist* stellatum est Grimm, Wörterbuch 3. 1108. *es ist um die Freuden gethan* actum est. *da war's um ihn geschehen. es wird gebadet, gewaschen, geschlagen. es war darauf zu rechnen.* Mhd. *ëz was sëhs mânôt ungerëgent* so lange hatte es nicht geregnet. Engl. Man merke: *thou knowst, what has been warned us* Milton, Paradise lost 9. 253. Fiedler und Sachs 2. 117, wörtlich: scis, quantopere monitum sit nos. Got. *bajothum gabairgada* ἀμφότερα συντηροῦνται matth. 9. 17.
Lat. *curritur. itur. statur. caletur. editur* man ist mit Essen beschäftigt. *manebitur. nubilabitur. consurgitur. ventum erat ad limen. egetur atque amatur* plaut. *ancipiti bello turbatur utrimque* lucret. *turbatum est domi* terent. *actum est de me.* Hieher gehört das Partic. auf *ndu,* dessen Neutrum mit dem Accus. verbunden wird: *aliqua consilia reperiendum est* plaut. *habendum est compedes* terent. *canes paucos et acres habendum* varro. *objiciendum farinam hordeaceam* ib. *repudiandum est artes* ib. *perdomandum feroces animos esse* liv. *aeternas poenas in morte timendum* lucret. Vergl. Analecta ed. I. ab Eichenfeld et St. Endlicher 168. Im Mittelalter findet man auch *Matthaeum legitur, psalmos erat ante legendum* Doctrinale des Alexander de Villa Dei. *quod de provisione sua talem operam adhibeatur* Venet. Urkunde 1463. Glasnik 15. 148. Alt ist *praeter propter vitam vivitur* Ennius ed. Vahlen 121. Hier mag auch der Inf. fut. pass. Erwähnung finden. Darüber sagt Gellius x. 14: Sicut „*contumeliam factum iri*" significat „iri ad contumeliam faciendam" id est „operam dari, quo fiat contumelia", ita „*contumelia mihi factum itur*", casu tantum immutato idem dicit. Der Satz „*puto mihi contumeliam factum iri*" setzt den Satz voraus: „*puto quod mihi contumeliam factum itur*", fz. etwa: je crois qu'on va me faire une injure. Aus der subjectlosen Construction ist eine subjectische hervorgegangen. Plaut. Rudens 1242: *mi istaec videtur praeda praedatum irier.* Quintil. vIII. 2, 88: *reus parricidii damnatum iri videbatur.* Cic. ad Att. xI. 13, 4: *etsi tum meliore loco erant res nostrae neque tum mihi desperatum iri videbantur.*

Roman. It. *dato fu la guardia, dato era la mancia* Ariosto. *non fu mai visto guerra così strana* bern. *così ra ginocato* so wird gespielt. *fu preso la briglia* Pulci: in diesen Sätzen ist man geneigt, *la guardia* usw. für Accus. zu halten, eine Ansicht, gegen die man jedoch misstrauisch gemacht wird durch Sätze wie *stato saria la cosa occulta* Ariosto. Dergleichen erinnert an Tommaseo's sconcordanze eleganti: *s'è adirato il mare e la marina, e s'è adirato le stelle col sole* Canti 1. 249. *dentro ci sta due colombelle d' oro* 44. Bei manchem vorausgeschickten Singular des Verbums mag der Sprechende an den Numerus des folgenden Subjectes nicht gedacht haben. Sp. *es anochecido.* Fz. *il a été dansé, il fut bien ri de l'aventure.* Afz. *il est anuité, aseri, aviespri.* Über die Erklärung von *il a été rendu compte, il lui fut payé une somme importante, il est arrivé trois dames dans cette voiture* herrscht Zweifel.

Griech. ὡς δέ σφι διετέτακτο herod. 6. 112. πέπιστται μετρίως ἡμῖν, ἐπειδὴ αὐτοῖς παρεσκεύαστο es war gerüstet thuc. 1. 46. 1. ὁποτέρως ἔσται, ἐν ἀδήλῳ κινδυνεύεται 1. 78. ὑπῆρκτο αὐτοῦ (τοῦ Πειραιῶς) πρότερον es war angefangen 1. 93. 2. εἰς οἵαν ταπεινότητα ἀφῖκτο ventum erat. ἱκανὰ τοῖς πολεμίοις εὐτύχηται 1. 77. für ἱκανῶς οἱ πολέμιοι εὐτυχήκασιν Matthiae 596. καλῶς ἄν σοι ἐπεκέκριτο. Krüger's Ansicht 2. 52. 3. 6, dass Ausdrücke wie curritur, venitur im Griechischen nicht üblich seien, ist demnach unrichtig. Dieselbe Lehre findet sich schon bei einem alten Grammatiker: hanc impersonalium speciem (curritur, currebatur) graecus sermo penitus ignorat Analecta ed. I. ab Eichenfeld et St. Endlicher 167. II. Bonitz, Zeitschrift für die österr. Gymnasien 1866. 744—748, sagt: „Den impersonalen Gebrauch des Passivs, wie im Lateinischen curritur, venitur, will Krüger, Griech. Gramm. 62. 3. 6, aus dem griechischen Sprachgebrauche so gut wie ganz ausschliessen. Schon bei den Beispielen, auf die er selbst sich bezieht (Krüger zu Thuc. 1. 73. 2) wird zu κινδυνεύεται nur mit grosser Härte und Unwahrscheinlichkeit ein Subject ausfindig gemacht, während die Voraussetzung des impersonalen Gebrauches die Stellen einfach verständlich macht. Dass der impersonale Gebrauch des Passivs dem Griechischen keineswegs fremd ist, mögen ein paar, wie es scheint, bisher nicht beachtete Fälle aus Aristoteles zeigen. De coelo, β 6. 289ᵃ. 3 εἰ οὖν τοῦτ' ἀληθές, οὐκ ἂν εἴη ἀεὶ ἐπίτασις τῆς φορᾶς. εἰ δὲ μὴ ἐπίτασις, οὐδ' ἄνεσις· ὁμοίως γὰρ ἄμφω καὶ θάτερον, εἴπερ τῷ αὐτῷ τε ἐπιτείνεται τάχει ἢ μείζονι καὶ ἄπειρον χρόνον. hier ist zu ἐπιτείνεται ein Subject weder vorhanden noch zu ergänzen möglich, sondern ἐπιτείνεται kommt einem ἡ ἐπίτασις γίγνεται gleich. Meteor. β 5. 361ᵇ. 28 ὅλως δὲ γίγνονται αἱ νηνεμίαι διὰ δύ' αἰτίας · ἢ γὰρ διὰ ψύχος ἀποσβεννυμένης τῆς ἀναθυμιάσεως —, αἱ δὲ πλεῖσται καὶ ἐν ταῖς ἀνὰ μέσον ὥραις ἢ τῷ μήπω ἀναθυμιᾶσθαι ἢ τῷ ἤδη ἐξεληλυθέναι τὴν ἀναθυμίασιν, es wäre eine unnützc Mühe, zu ἀναθυμιᾶσθαι ein Subject zu suchen, sondern man muss anerkennen, dass ἀναθυμιᾶται ohne Subject heisst: es verdunstet, wie ὕει es regnet. Meteor. χ 6. 343ᵇ. 7 καίτοι τοσοῦτον ἀνακλασθῆναι καὶ αὐτοὶ τῶν ἀδυνάτων εἶναί φασιν, gewöhnlich finden wir bei ἀνακλᾶσθαι ein bestimmtes Subject, ἀνακλᾶται ἡ ὄψις, ἀνακλῶνται αἱ ἀκτῖνες, aber hier wird ein solches durch den nächsten Zusammenhang so wenig dargeboten, dass wir werden anerkennen müssen, ἀνακλᾶται ist impersonal gebraucht in dem Sinne: „es findet eine Reflexion statt." Hiezu kommt λίθοῦται, worüber Bonitz im Index aristotelicus bemerkt: impersonaliter videtur usurpatum esse: λίθοι γίγνονται.

Das Neutrum der Formen auf τέο, aind. tavja, kann mit dem Accus. verbunden werden: ἀσκητέον ἐστὶ τὴν ἀρετήν. ἅπαντα ἡμῖν ἔδοξε πρακτέον εἶναι; daneben subjectisch: οἱ συμμαχεῖν ἐθέλοντες εὖ ποιητέοι. Über den Unterschied zwischen der subjectlosen und subjectischen Ausdrucksweise handelt Krüger 56. 18. Man vergleiche aus der späteren Graecität νὰ δοθῇ εἰς τὸν ῥηθέντα τόπον δύο κριτὰς Acta 3. 261.

Kelt. Über die keltischen Sprachen äussert sich Zeuss folgendermassen: „Flexionis personalis (passivae) nullum amplius superest vestigium in lingua britannica. Invenitur sola impersonalis, sola forma scilicet tertiae personae, quae infixis pronominibus etiam inservit significandis ceteris personis 1. 523. Flexionis impersonalis, quae in recentioribus dialectis, imprimis in gaelica, omne fere verbum pervadit, initia jam sunt in vetusta hibernica in quibusdam verbi substantivi formis, praesertim autem in verbo passivo. In hoc enim lingua primam et secundam personam utriusque numeri designare consuevit per unam formam tertiae personae singularis, ita scilicet, ut infigerentur utriusque personae pronomina, tam singularis quam pluralis, inter particulas no et ro verbales praefigendas et verbum, si simplex, vel inter praepositionem et verbum, si compositum est: *no m glantar* emungor. *no m thachtar* angor 1. 474. Flexio impersonalis solam formam tertiae personae singularis cujusque temporis adhibet, eademque etiam ceteras personas significat addendis earum pronominibus personalibus. Fit hoc infigendo in vetusta lingua et in passivo tantum (in hibernica etiam in verbi substantivi formis quibusdam), qua significatione personarum peculiari jam destruitur flexio primitiva personalis hujus generis tam in vetusta hibernica, quae juxta tertiam singularis numeri tertiam pluralis, sed non ceteras in communi usu servavit, quam in cambrica, quae solam tertiam singularis agnoscit; recentior lingua addens formas pronominum absolutas ad verbum tertiae personae, idque non solum in passivo sed etiam in activo, omnis flexionis personalis plus vel minus obliviscitur" 1. 412.

Im Irischen wird das Passivum mit dem Accusativ des activen Objectes subjectlos gebraucht: *glantar mé*, wörtlich: lavatur me; *glantar tú*, lavatur te; *glantar é*, lavatur eum; *glantar sinn*, *inn*, lavatur nos; *glantar sibh*, *ibh*, lavatur vos; *glantar iad*, lavatur eos für lavor, lavaris usw. O'Donovan 183. 184. Zeuss 1.474. von der Gabelentz 506. *moltar mé*, laudor. Das passive Genus hat keine synthetischen Formen, und wenn die Personalpronomina das Subject dazu bilden, stehen sie, wie bei dem Hilfszeitworte *is*, immer in der sonst gewöhnlich accusativisch verwendeten Form, ohne darum wirkliche Accusative dem Begriffe nach vorstellen zu können Leo, Ferienschriften 2. 129. 130. Dieselbe Regel gilt in den meisten übrigen keltischen Sprachen: im Gaelischen: Munro, Grammar 138. von der Gabelentz 506; im Bretonischen: *mé a zô karet*, me amatur es wird mich geliebt Rostrenen 125. Dumoulin 109. Legonidec 98. von der Gabelentz 505; im Wälischen: Richards, Antiquitatum brit. thesaurus introd. 27. Zeuss 1. 496. von der Gabelentz 505; im Cornischen: die Passivform kommt nur in der dritten Person vor, wobei das Pronomen, welches das Subject des Passivum sein sollte, im Objectscasus steht Norris, The ancient Cornish drama 2. 271. 277. von der Gabelentz 505. Schuchardt, Zeitschrift für roman. Philologie ıv. 152. Das Manks macht eine Ausnahme Leo, Ferienschriften 1. 168. von der Gabelentz 506.

Aind. Die in den epischen und dramatischen Sanskritwerken vorkommenden Imperative passiver Form von Verba neutra wie *āgamjatām* adeatur, *upāgamjatām*, *samsadyatām* considatur fehlen den Veden. Urdu: *us-nē ghorē-kō mārā*, wörtlich: ab eo equum percussum est Fr. Müller, Orient und Occident 2. 581. Sindhi Stack, Grammar 67. von der Gabelentz 509. Zig. *astardó i čiriklī ta čindó la* pa., wörtlich: captum est gallinam et dissectum eam.

Finnisch und Esthnisch gebraucht seine Passiva nur subjectlos (impersonell) von der Gabelentz 507. *tulla 'an* venitur

Boller. Finn. *rakastetaan minua* amatur me Fr. Müller, Grundriss 2. 2. 233. Eine dem venitur entsprechende Form fehlt im Magyarischen Boller.

Khasia: *la bindi ia u nои-thaih* inclusum est furem Fr. Müller 2. 2. 386.

Ein Beispiel aus dem Hebräischen führt Fr. Müller an in Orient und Occident 2. 581. Dieselbe Ausdrucksweise kennt das Äthiopische Dillmann 387.

Die gleiche Erscheinung bieten australische Sprachen: *ñate lak-in kōye* durch mich wird gemacht den Korb a me fit corbem Fr. Müller, Grundriss der Sprachwissenschaft 2. 1. 58. a piscatore capitur piscem 2. 1. 2.

Dasselbe gilt von amerikanischen Sprachen: Guarani bietet Sätze vom Typus „docetur me" für „doceor" von der Gabelentz 504; so auch das Mexicanische, das Pochonchi 505: die Yarura- und Betoisprache 504.

In allen diesen Fällen betrachte ich den Ausdruck als subjectlos und den Accus. als Complement.

IV. Subjectlose Sätze mit einem Nomen und dem Verbum esse.

Nomen und Verbum bezeichnen einen Vorgang oder Zustand *a*) absolut: *es ist kalt;* oder mit Beziehung auf eine Person oder Sache: die Person wird *b)* durch den Dativ oder *c)* durch den Accus. ausgedrückt: *mir ist kalt.* Nslov. *mene je strah bilo,* wörtlich: me timor fuit. *strah* m. ist zwar Nomin., jedoch nicht Subject, wie das Neutrum *bilo* zeigt. Die Sache wird meist durch den Gen. bezeichnet.

a) Slavisch. Aslov. *rečerъ byvъšju ὀψίας γενομένης* marc. 6. 47-zogr. Nslov. *bilo je vruče* es war heiss prip. 4. *na lêvi strani je manj skalovito* links ist es weniger felsig ber. 8. 172. *zima, tema, mraz je bilo. kadar je bilo red ἐν καιρῷ* trub. *prêden je bilo pol noči* bevor es Mitternacht war volksl. Bulg. *po poleta ta biva toplo. kogi je bilo večer* als es Abend war kl. 87. *stava vidêlo* es wird Licht manč. *goré je gorešto* ib. *goreštiná j* es ist heiss cank. *grêhotá j* es ist Schade cank. *jesen nastana* es ward Herbst manč. *kisno je* cank. *stana kъsno* es wurde spät. *homa stana mir* es wurde allsogleich stille. *stara čer mrak il s'obscurcit* bog. *stana pladne* es ward Mittag. *zimá je. bêše studeno. jedno lêto stanalo suša, po pztja t běše tъmno* auf dem Wege war es dunkel. *šte stane toplo* es wird warm werden. *kak je hubavo!* wie es schön ist! kl. 75. *je suša, je prah, je slъnce*. *je mъgla* bedeutet nicht, dass es eine Wolke gibt, dass eine Wolke existiert, sondern dass sich der Himmel bewölkt. *golěma je stud εἶναι μεγάλη ψύχρα* ist verschieden vom subjectischen *stud je golěma ἡ ψύχρα εἶναι μεγάλη*. *skъpo je εἶναι ἀκριβόν* ist nicht subjectlos. *stana drago po livadi* es ward lieblich auf den Wiesen. Was das Verbum *stana* anlangt, so vergleiche man mit den angeführten subjectlosen Sätzen die subjectischen *čifutče stara bъlgarče* der Jude wird ein Bulgare milad. 108. *žena mu kamъk stanъla* sein Weib wurde Stein, versteinert 137. *žena na kamъk da stane* ib. Kruss. *tak pusto v seli, choč hołyj bižy* es ist so wüst, leer im Dorfe usw. sprichw. *i chołodno i hołodno, i do domu daleko* es ist, herrscht Kälte und Hunger usw. sprichw. *v pjaty zymno* poslov. 28. *tepło, jak v bany* 117. *sa in temno sa jak v roži* ib. ist nicht aufgeklärt. Subjectisch: *jak to hôrko!* Russ. *estь rdvoemъ gorazdo veselěe* es ist lustiger usw. *na dvorě było žarko* es war heiss usw. *mračno* il fait sombre. *polno obъ atomъ* genug davon. *pora kofe pitь* es ist Zeit Kaffee zu trinken. *užъ pozdno* es ist schon spät. *teperь ešče rano* es ist noch früh. *kakъ tamъ dolžno bytь svěžo podъ derevъjami!* wie muss es da frisch sein! *vъ karetě było temno. zděsь budetъ udobněe. zděsь očenь chorošo* hier ist es sehr schön. Čech. *dnes je pošmourno a teplo. ještě tma bylo* br.: unrichtig ist das nur subjectisch zulässige *byla tma* br. *zima bylo* br. *i bylo večer* br. *již reta po mně bylo* vel. *třeba, škoda, běda bylo. tam jest plytko* dort ist es seicht. Poln. *było cieplo, goraco. już ciemno. będzie w nocy ślizko. straszno v starym dworze* łaz. 175. Unrichtig ist *szkodu by byla* jadw. 70. Oserb. *mróz jo* es reift.

Lit. *jau tamsu. buva šilta, karšta. šendiên šalta* heute ist es kalt. *gražu ýr* es ist schon. Statt des Adj. tritt in manchen Fällen das Adv. ein Schleicher 257. Kurschat 366.

Deutsch. Nhd. *es wird Abend, Morgen, Nacht, Tag*, was Grimm, Wörterbuch 3. 1108, als eine Umschreibung von mhd. *ëz âbendet, morgenet, nahtet, es taget* ansieht. *es wird Frühling, Sommer, Herbst, Winter* neben *es sommert, wintert, herbstet. es ist dunkel, es dunkelt. da war es besser. da ist es so duftig und warm. Frühling ist es. da ist's gut. nirgends war's geheuer. da ist 's gespenstisch. heller ward's. so kalt und frisch es ist. im Kopfe war's ruhig. es ist so still und dunkel. es war grausig still im Zimmer. zum Bühl ist's noch trocken.*

es ist noch nicht Zeit. Neben *still war's auf dem Meere, in der Nacht war es kalt und stumm* heisst es subjectisch *das Meer war still, die Nacht war kalt und stumm.* Roman. lt. *egli è caldo. è notte. è già tardi. tempo è di ragionar. si fa sera. egli è ora.* Fz. *il est temps de —. il fait chaud, froid* ist subjectlos, *il est chaud, froid* subjectisch. Ebenso *il ne fait pas encore jour. il fait* und *il est nuit. il fait de l'orage, de la pluie, de la crotte, il fait de grandes chaleurs, il fait bien clair dans cette église, il fait des éclairs, il fait beau, vilain, mauvais temps. il fait grand vent* usw. *il n'y fait pas sûr* es ist da nicht sicher. *il y fait bon vivre* da lebt sich's gut. *il fait cher vivre en ce pays-là* usw. Mit den fz. Sätzen mit *faire* vergleiche man nhd. *es macht Wetter*, mhd. *ëz tuot wëter* Grimm, Wörterbuch 3. 1108. Rumun. *îj kald* es ist warm. Mrum. *da ploae, neao, grandine* es regnet, schneit, hagelt bo. 106. 107, wo *da* vielleicht nicht wie deutsch *es gibt*, sondern wie fz. *il fait* aufzufassen ist.

Zig. *keréla šil* pa. ist buchstäblich il fait froid. *da* hat in den folgenden Ausdrücken wohl die Bedeutung „fallen": *brišin déla* pluvia cadit pa. *del jiu* cadit nix rumun. *déla kukudí* cadit grando pa. *déla* ohne *brišin* pluit pa., doch auch *déla o dúchos* es weht pa. Daneben *jir perel* nix cadit karp. *marél e calrál,* wörtlich: es schlägt der Wind rumun. *šíl hi* frigus est ung.

Im Kanuri, einer Sprache Centralafrika's, wird dem Nomen das Verbalsuffix der dritten Person sing. *tši* angefügt: *bïnemtši* it is the cold season. *magaribátši* it is evening. *tšïmtši* it is bitter S. W. Koelle, Grammar of the Bornu or Kánurï language 45.

Dem lat. *hiemat* es ist winterlich stellt das slav. im uslov. *zima je* (hiems est), das griech. χειμάζει, das deutsche *es ist Winter* und *es wintert* entgegen (Sätze, welche allerdings dem Sinne nach nicht vollkommen übereinstimmen): wo also das lat., das griech. und das deutsche ein Verbalthema bilden und den Gedanken durch die III. sing. desselben ausdrücken, behilft sich das slav. mit einer eigenthümlichen syntaktischen Verbindung des *zima* mit esse: *zima* ist der Nominativ, tritt jedoch hier nicht als Subject auf, was daraus hervorgeht, dass das Verbum im Neutrum steht: *zima je bilo* hiemavit, es hat gewintert. *zima* vertritt daher hier den thematischen Bestandtheil in *hiemat* und in *wintert*. Es wird durch das Verbum esse als absolutes, von einem Subject unabhängiges Prädicat hingestellt: *zima je, zima je bilo, zima bôde* darf demnach ein conjugiertes Prädicat, prédicat conjugué genannt werden, was französische Grammatiker als sujet conjugué ansehen. *zima je bilo* ist wörtlich hiems factum est: *zima je bila*, wörtlich: hiems facta est, ist ein Existentialsatz: es gab einen Winter. Wie schon oben bemerkt wurde, ist die Negation von *zima je bilo — ni bilo zima*, während die Negation von *zima je bila — zime ni bilo* lautet. Die Vergleichung von *es ist Frost* und *es friert* zeigt, dass *ist* in jenem Satze keine andere Bestimmung hat als in dem Satze *die Nacht ist dunkel:* in beiden Sätzen dient es der Prädication bei nominalen Ausdrücken. Gäbe es nur verbale Themen, wäre *ist* überflüssig; man würde sagen: *die Nacht dunkelt*, wie man *es dunkelt* neben *es ist dunkel* sagt. Der Ausdruck copula ist irreführend und sollte von der Logik und der Grammatik über Bord geworfen werden. Man vergleiche Fr. Brentano, Psychologie 1. 282.

b) Slavisch. Aslov. *da blago budetъ ramь* dass euch wohl sei sabb.-vind. *skrъbьno mi jestь* ib. *těsno mi by* hus. christ. 414. *težъko mi jestъ βαρύνομαι* supr. 243: grave mihi est. *tuga mi jestь* coarctor leont.: angor mihi est. Nslov. *mi je znoj* ich schwitze. *konjem je zima bilo* prip. 4. *vse živo jih (žab) je bilo* ravn. 1. 88. ist subjectisch. *tega ni treba bilo. komu ni britko* ravn. 2. 275. *tega mi ně mar. mu je bilo dolg čas* er hatte Langeweile met. Bulg. *blaze ti!* wohl dir! cank. *gorkó!* weh! cank. wohl mit Auslassung des Dat. *gladno mu je* er ist hungrig Morse 85. *za da ti bъde dobro* damit es dir wohl sei manč. *nemu ne mu je žedno* er hat keinen Durst čol. *zlě mi je* j'ai mal au coeur. *maranja mi j* es ist mir heiss cank. *nemu je reselo. nemu je loše* neben *toj je resel, toj je bolen. milo mi je za tos (tozi) narod* es thut mir leid um dieses Volk cv. *ako ti je studeno* wenn dir kalt ist manč. *da l ti je težko za doma?* sehnst du dich nach Hause? milad. 20. *teščina mi j* ich fühle eine Beschwerde cank. Serb. *bijaše mi dobro* pjes. 4. 38. *meni ga je milo. žalije ga nama nego jima* pjesm. Befremdend: *žalije mu snahin rjenac bilo nego glavu svog sina* vergl. Danič. sint. 407. Kruss. *bulo myńi tak reselo ta lubo* rozm. 15. *dosadno myńi zrobylo śa* 20. *v chlirći połno oveć. ne treba roboty, koly j tak rodyt* sprichw. *dobre bulo katynojći* pis. 2. 166. *čohoś my tjažeńko* rus. 30. *tak mení toskno* 33. *žal bohatomu korabla* sprichw. *babu z roza, kobyli lehče* sprichw. *rže mení v pekli hôrše ne bude* sprichw. Russ. *otъ togo-to mně reselo. zděsь mně očenь prijatno i reselo. gadko i stydno emu. goŕko stalo emu. mně i druchъ nedělь dostatočno* mir genügen auch nur zwei Wochen. *Saninu dosadno stanovilo sь* es verdross Sanin. *esêmъ bylo žarko i tomno. žalko stalo emu. mnê žalь toj dêvuški. legče li Irinê?* ist es Irenen leichter? *emu bylo nelovko* ihm war es unbequem zu Muthe. *mnê gorazdo lučše* mir ist viel besser. *morkotno mnê* es ist mir traurig zu Muthe. *mnê nikogo ne nužno* ich brauche niemand; subjectisch: *mnê ѕto nužno. mnê sorêstno rasъ bezpokoitь* j'ai conscience de vous importuner. *Saninu bylo nemnožko sorêstno i stydno. sorêstno stanovilo sъ emu i sladko i žutko. stydno emu stalo čužago čelovêka. mnê nedosužno* ich habe keine Musse. *kakъ ej ne stydno!* wie schämt sie sich nicht! *mnê očenь skučno sdêlalo sъ. emu budetъ sъ neju skučno. mnê očenь tjaželo. cholodno emu stalo. u nej* (für den Dat.) *ne chorošo na dušê* ihr ist nicht wohl zu Muthe. *mnê žalь. idêže ne bê prochodno polku* lavr. *emu bylo očenь chorošo. vidno mnê nêtъ spasenija* mir ist keine Rettung sichtbar. *ne nado toj postyloj svobody. odnogo uraženija ne dostatočno* die blosse Achtung genügt nicht. Čech. *mnê je teplo* mir ist warm. *čeho koli potřeba bylo k opravě chrámu* br.: nach Jungmann wird hier, wohl wegen *bylo, potřeba* adverbial gebraucht, wobei bemerkt werden mag, dass griech. Grammatiker δεῖ und χρή als Adverbia ansahen. *po vší rovině plno koní* cyr. *škoda toho druha dobrého dalem. ne mělo li býti tobě toho žel? bud toho bohu žel* štít. *těch darův nám třeba není* br. *jest mi toho relmi líto* háj. *bêda mnê šedin otce mého* jungm. *blaze bude jemu* kat. 131. Slovak. *bolo mu jej lúto. jej elivo* (čech. tesklivo: *tъsk) bolo samotnej po tme.* Poln. *zimno mi. czy panu tak pilno? szkoda bylo takiego nakladu* laz. 299. *wszędy pełno ciebie* koch. 1. 78. *pełno nas, a jako by nikogo nie bylo* 1. 180. *wszędzie mi wesoło* pieś. 228. *żal mi bylo tego. żal mi cię* koch. 1. 94. *teskno, tešno mi* Linde. *przykro mi bylo.* Oserb. *ram je koždeho noveho peneza žel a skoda bylo* seil. 130. Vergl. Grammatik 4. 464.

Lit. *man šalt* mir ist kalt. *man ger* mir ist wohl. *ar tav gaila vainikelio?* ist dir leid ums Kränzchen? volksl. *iškada to žmogaus* Schleicher 273.

Deutsch. Nhd. *es ward mir ganz ängstlich. mir ist bange, mir bangt. es wird dir wieder besser. mir ist ernst damit*, mhd. *mir ist ës ernest. mir war's gebunden vor der stirn* Goethe. *mir ist nicht rechthaberisch und streitsüchtig zu Muthe. mir ward vor dem Auge so trüb. es fieng mir an ganz wunderlich und kleinmüthig zu werden. warum ist dir so weh? drum ist's so wohl mir in der Welt. wie's Fischlein ist so wohlig auf dem Grund.* Mhd. *dû lâ dir niht ze wê sîn nâch dem quote, lâ dir'z ouch niht z' unmære sîn. mir wirt buoz. mir ist gâch, ger, leit, rât, swære, tiure, zorn* Grimm, Grammatik 4. 236. Heyse 2. 148. Altnord. sagt man: *mir ist gesund, krank, warm, kalt, ruhig* usw. Got. *ainis thus ran ist ἔν σοι ὑστερεῖ* mare. 10 21. Lat. *duce nobis opus est,* nslov. *vojvode je nam treba.* Ruman. Mrum. *atsĕh, tše lę erá reu* jene, denen es übel war ev. drum. *mi j uril. tsi j greŭ. i j reŭ* mir ist langweilig. dir ist es ungelegen. ihm, ihr ist schlecht.

Die hieher gehörigen Sätze mit einem inf. sind teils subjectisch, theils subjectlos.

α) Subjectisch:

Slavisch. Aslov. *nelěpo mi jestъ mlъčati* non decorum mihi est tacere sabb.-vind., wo *mlъčati* einen Nomin. vertritt, daher etwa: *mlъčanije nelěpo mi jestъ.* Nslov. *groza je bilo ridit boja* es war ein Graus den Kampf zu sehen volksl. Klruss. *volno bohu, što chotity, to čynyty* sprichw. *panam trudno pravdu kazaty* sprichw. *i dychaty ne možna* (aus možno). Russ. *vamъ veselo verchomъ ězditь?* ist es euch angenehm zu reiten? *rozmožno li emu věritь?* kann man ihm glauben? *ne legko ej bylo razorvatь svjazъ sъ Litvinomъ* es war ihr nicht leicht zu zerreissen usw. *i ramъ i mně nelьzja medlitь* ihr und ich dürfen nicht zaudern, eigentlich: non facile est usw. *nado (nadobno) bylo ispolnitь oběščanie. stydno vamъ fintitь. mně bylo by očenь bolьno, esli bъ эto ne udalo sь.* Das Inf.-Subject ist zu ergänzen: *esli tebě možno, prichodi ko mně. mně nužno kъ nemu* ich muss zu ihm. Čech. *smrti ji ne lze bude zbýti* dalem. *dobré jest nám tuto býti* br. Poln. *možna iść.*

Deutsch. *zu lieblich ists ein wort zu brechen* Goethe. Roman. Fz. *il est beau de périr pour sauver l'innocence.* Griech. ἔξεστί μοι ἀπιέναι das Weggehen steht mir frei. βαρβάρων Ἕλληνας ἄρχειν εἰκός euryp.

β) Subjectlos:

Slavisch. Nslov. *je bilo čas dnarje jemati* ravn. 1. 235. Klruss. *čy sucho do neho zajty?* posl. 128. Russ. *pora namъ vъ putь iti* bezs. 1. 20. Čech. *již čas jest mně všicku (viši) rypýti* dalem. Griech. ἐμοὶ δοκεῖ οὐχ ὥρα εἶναι ὑμῖν καθεύδειν xen. In ὥρα ἐστὶ ἀπιέναι ist auch nach Krüger 2. 105. ὥρα Prädicat, der Satz demnach subjectlos, da man nicht sagen kann τὸ ἀπιέναι ὥρα ἐστίν.

In manchen Fällen ist es zweifelhaft, ob man es mit einem subjectischen oder einem subjectlosen Satze zu thun hat. Dies gilt von den Sätzen mit *trěba* und *hotěti sę.* Nsl. *nĕ li Kristusu bilo tega trpêti treba?* ravn. Kluss. *treba umerty. treba srojim pluhom oraty.* Čech. *ne bude ho pobizeti třeba* kom. Ebenso russ. *zachotělo sь emu namjatь šeju nagleeu.* Der Grund des Zweifels liegt darin, dass *trěba* und *hotěti se* meist mit dem Gen. verbunden werden. Ähnlich verhält es sich mit χρή: ἔθ: χρὴ (μέμνασθαι) od. 9. 50. c) Slavisch. Nslov. *ne bô ras groza smrti* es wird euch vor dem Tode nicht grauen, wörtlich: non erit vos horror mortis ravn. 1. 122. *groza ras ga je bilo* es graute euch vor ihm, wörtlich: horror vos ejus erat 2. 170. *konj se mi je škoda zdělo* mir that es um die Pferde leid. *kteriga těh drěh izgledov ras je misel posněmati?* welches von diesen zwei Beispielen gedenket ihr nachzuahmen? wörtlich: utrum horum duorum exemplorum vos est voluntas imitari? 1. 164. *pravice ras bôdi skrb* sorget für Gerechtigkeit, wörtlich: justitiae vos sit cura 1. 244. *toliko ga je bilo sram ko volka strah* er schämte sich so wie der Wolf fürchtet, d. i. gar nicht, wörtlich: tantum eum erat pudor quantum lupum timor. *ras bôdi čudo božje prijaznosti* bewundert die göttliche Milde ravn. 1. 101. *gotovo je ras želja, da ljubico dobôte* sicher sehnet ihr euch darnach die Geliebte zu bekommen levst. 39. *malo ga je zasramovarcov mar* er kümmert sich wenig um die Spötter ravn. 2. 173. Mit *vtraga me je bilo* vergleiche man mhd. mich beträget. Der Gen. steht für den Accus. in *ženskih je skrb snage* die Frauen sorgen für Reinlichkeit met. 237. *Ninir bo konec* Ninive wird ein Ende nehmen ravn. 1. 240. *mêsta jih je bilo konec.* Bulg. *gněr me j* es thut mir leid, wörtlich: ira me est cank. *grižě me j* ich kümmere mich, wörtlich: cura me est cank. *i malki te děca ne gi bilo griža ot neja (zima)* selbst die kleinen Kinder kümmerten sich nicht um ihn (den Winter) manč. *grozá me j* es graut mir cank. *gidel me j* es kitzelt mich cank. *jad me j* es thut mir leid cank. *sramь go běše* bulg.-lab. *stram je bilo junaka* der Held schämte sich milad. 87: daneben *sramotá mi j* es ist mir eine Schande cank. *strah me j* ich fürchte mich cank. Kroat. *bude me stid i sram* ich werde mich schämen luč. 9. *al te je od toga strah i sram* 35. *ni me će biti strah* ich werde mich nicht fürchten bud. 70. Serb. *briga me je samu* angor sola (quando sola sum) reljk. *što je njega rolja* was er zu thun willens ist došen. *ako te j' boja želja* wenn du nach Kampf verlangst gund. *vse šenice, da te je milina* lauter Weizenäcker, dass du eine Freude daran hast danič. 407. *red je mene, da ja progovorim* die Reihe ist an mir, dass ich rede pjes. 5. 544. *nije ga skrb* vuk. *sram* vas bilo schämet euch došen. *sramota ga bilo* er soll sich schämen danič. 406. *strah ga od strašne smrti nije* gund. *dirojak nije stid pivati* die Mädchen scheuen sich nicht zu singen reljk.: der Gen. für den Accus. *da je nije kroz goricu tuga* dass es ihr durch den Wald nicht bange wird danič. 406. *jad me je* ich habe Kummer kovč. 110. Kaum richtig ist der Dativ in *dvije ti volje, a četiri ćudi* poslov.: in *dvije te volje* hielt Vuk *ti* für passender, mit Unrecht. In *ne bila vas vašeg brata želja* ist *bilo* allein zu billigen. Ähnlich sind Fügungen wie *stade piska jadne kaludžere*, wörtlich: facta est sibilatio miseros monachos šćep. *sta ju cika kako zmije ljute. sta cika ludoga Jovana* pjes. 2. 20; 2. 33. *stani smijeh vezirske ridžale* šćep. Kruss. *zmyja stydno stalo pered jim* k. 2. 71. Čech. *ne buď tebe po tom tuku* kat. 3070. *co mia velce hanba bude* suš. 89. *to ť mě jest dirno* tlaš. Poln. *že mię wstyd powiadać*, wörtlich: me pudor (est) dicere koch. 1. 97. *wstyd mię było* mucz. *welmi mię tega po tobie*, wörtlich: valde me (est) desiderium tui. *až i słuchać strach człowieka*, wörtlich: etiam audire terror (est) hominem koch. *teskno mię jest* es ist mir bange troc. *teszno było pomorzan z pokojem być* biel. 69. *jak tam pysznego teskno będzie* Wujek. C. W. Smith's 202. Ansicht, der Gen. sei später mit dem Accus. verwechselt worden, ist unrichtig. Oserb. *ńe je vas hamba było?* habt ihr euch nicht geschämt? seil. 130. Vergl. Grammatik 4. 367.

Deutsch. Got. *ni kar-ist ina thize lambe* οὐ μέλει αὐτῷ περὶ τῶν προβάτων io. 10. 13. wörtlich: non cura est eum ovium, was uslov. etwa so lauten würde: *ni ga skrb ovác. ni theei ina thize tharbane kara resi* οὐχ ὅτι περὶ τῶν πτωχῶν ἔμελεν αὐτῷ 12. 6. *niu kara thuk thizei fragistnam* οὐ μέλει σοι, ὅτι ἀπολλύμεθα marc. 4. 38. *wa kara unsis!* τί πρὸς ἡμᾶς; matth. 27. 4, wörtlich: quid cura nos (est)? *ni kara thuk manshun* οὐ μέλει σοι περὶ οὐδενός marc. 12. 14, wörtlich: non cura (est) te cujusquam. Ahd. *in* (den Nero) *was furewizze allëro iro lido* (seiner Mutter Glieder). *mih ist ës niot, mih niotôt* ich sehne mich danach. *mih ist ës wantar* ich wundere mich darüber. Mhd. *mich ist fürwitz*. Daneben *den kűnec nam dës wunder. mich nimt ës hæle* ich halte es geheim. *wunder mich dës hât*. Nhd. *dessen nimmt mich Wunder. mich gibt Wunder*. Grimm, Grammatik 4. 703. meint, da ein Accus. weder von „ist", noch weniger von dem dazu gestellten Nomen abhangen könne, so scheine es misslich ihn aus ihrer Vereinigung zu erklären: weil es hiess *mih wuntarôt*, habe man auch gesagt: *mih ist wantar*; aus dem got. *mik ist kara* liesse sich ein *mik karaith* folgern. In *kar-ist ina* cura est cum ist *kara* der Nomin., jedoch nicht das Subject, wie aus dem wörtlich genau entsprechenden slav. *skrb ga je* hervorgeht, das im Prät. *skrb ga je bilo* lautet, nicht *skrb ga je bila*, ungeachtet *skrb* fem. ist.

Griech. Das Slav. und Deutsche erschliesst uns das Verständniss der Fügung des griech. χρεώ bei Homer, das wie got. *kara* und die analogen Wendungen im Slav. die Person im Accus., den Gegenstand im Gen. bei sich hat. Bei χρεώ wie bei *kara* kann esse fehlen. τί δέ σε χρεὼ ἐμεῖο; quid autem tibi opus est me? il. 11. 606. ἐμὲ δὲ χρεὼ γίγνεται αὐτῆς (τῆς νηός) mihi vero opus est illa (navi) od. 4. 634. οὐδέ τί μιν χρεὼ ἔσται συμβοχοῆς nec quicquam ei opus erit humatione il. 21. 322. χρεὼ βουλῆς ἐμὲ καὶ σέ opus (est) consilio mihi et tibi il. 10. 43. μάλα δὲ χρεὼ πάντας ἀχαιοὺς ἐσθλῆς καὶ πυκινῆς valde enim opus (est) omnibus achivis (consilio) bono et prudenti il. 9. 75. Ebenso il. 9. 607. od. 9. 136. Ohne Bezeichnung der Person und des Gegenstandes steht χρεώ in ἤ τι μάλα χρεώ certe aliqua magna necessitas adest il. 9. 197. Der Gegenstand wird durch einen Infinitiv ausgedrückt: τῷ καί σε διδασκέμεν οὔτι μάλα χρεώ ideoque te docere nequaquam multum opus est il. 23. 308. Eine andere Bedeutung kommt dem Inf. zu in εἴποτε δ' αὖτε χρεὼ ἐμεῖο γένηται ἀεικέα λοιγὸν ἀμῦναι τοῖς ἄλλοις si unquam posthac opus me fuerit ad indignam pestem arcendam a ceteris il. 1. 340. Im Got. ist *kara ist*, im Slav. *skrb je* und im Griech. χρεώ ἐστιν der Ausdruck eines Zustandes: die dadurch betroffene Person wird durch den Accus., die Sache durch den Gen. bezeichnet. In *sram me je*, wörtlich: *pudor me est*, ist *sram* zwar Nominativ, jedoch nicht Subject, sondern im Sinne des allgemeinen Theiles Prädicat, wie das Neutrum in *sram me je bilo* zeigt: *sram je* drückt wie *pudet* einen Zustand aus.

Zu Seite 62. Ἁλώσεται in Soph. Oed. Col. v. 1065. kann nicht auf Kreon bezogen werden, wie man meinte, weil Kreon, der mit Theseus gegangen ist, sich ja in dessen Gewalt befindet; auch nicht auf die Begleiter des Kreon, da es sonst ἁλώσονται heissen müsste. Es bleibt also, wenn man nicht eine Corruptel annehmen will, nur die Erklärung „Es wird ein Fang gethan werden" übrig. Übrigens erscheint αἱρεῖν und sein Passivum ἁλίσκεσθαι absolut gebraucht in Redensarten, wie ὁ λόγος αἱρεῖ, ἁλοῦσα δίκη. (Vergl. die Anmerkung Nauck's zu der Stelle.) Aus einer brieflichen Mittheilung des Herrn Prof. K. Schenkl.

Literatur.

Acta et diplomata graeca medii aevi. Ed. Fr. Miklosich et J. Müller. Vindobonae. 1861-1865.
Analecta grammatica ediderunt J. ab Eichenfeld et St. Endlicher. Vindobonae. 1837.
Apollonius Alexandrinus, De constructione. Berolini. 1817.
Archivio storico italiano. Firenze. 1849.
Baralt, R. M., Diccionario de galicismos. Madrid. 1855.
Bezsonov, P., Kaleki perechožie. Moskva. 1864.
Bielenstein, A., Lettische Grammatik. Mitau. 1863.
Blanc, F. G., Grammatik der italienischen Sprache. Halle. 1844.
Bolzano, B., Wissenschaftslehre. Sulzbach. 1837.
Brentano, F., Psychologie vom empirischen Standpunkte. Leipzig. I. 1874.
Budinić, Š., Pokorni psalmi Davidovi. Na Rěči. 1861.
Buommattei, B., Della lingua toscana. Firenze. 1643.
Buslaev, Th., Istoričeskaja grammatika russkago jazyka. Izdanie II. Moskva. 1863.
Cankof, A. und D. Kyriak, Grammatik der bulgarischen Sprache. Wien. 1852.
Corso, Rinaldo, Le osservationi della lingua volgare. Venetia. 1562.
Corticelli, S., Regole. Bologna. 1764.
Daničić, Gj., Oblici srpskoga jezika. U Beogradu. 1863.
Daničić, Gj., Srbska sintaksa. U Beogradu. I. 1858.
Diez, Fr., Grammatik der romanischen Sprachen. II. Ausg. Bonn. 1860.
Dobrovský, J., Lehrgebäude der böhmischen Sprache. Prag. 1819.
Egger, E., Notions élémentaires de grammaire comparée. Paris. 1856 bis 1857.
Erben, K. J., Prostonárodní české písně a říkadla. V Praze. 1864.
Fiedler, E., und C. Sachs, Wissenschaftliche Grammatik der englischen Sprache. Zerbst und Leipzig. 1850-1861.
Gabelentz, H. C. von der, Über das Passivum. Leipzig. 1860.
Girault-Duvivier, C. P., Grammaire des grammaires. Paris. 1827.
Glasnik društva srbske slovesnosti. XV. U Beogradu. 1862.
Gorski Vijenac: P. Petrović. U Beču. 1847.
Grimm, J., Deutsche Grammatik. Göttingen. 1837. IV. 227.
— — Wörterbuch. Leipzig. 1862.
Grujev, J., Osnova za blъgarskaṭa grammatikạ. Filibe. 1862.
Harris, J., Hermes. Übersetzt von Ch. G. Ewerbeck. Halle. 1788.
Herbart, J. F., Sämmtliche Werke. Leipzig. 1850-1851.
Heyse, K. W., Lehrbuch der deutschen Sprache. Hannover. 1838.
— — System der Sprachwissenschaft. Berlin. 1856.
Holtze, F. G., Syntaxis priscorum scriptorum latinorum usque ad Terentium. Lipsiae. 1861. 1862.
Horne Tooke, John, "Επεα πτερόεντα. London. 1857.

Horning, A., Le pronom neutre Il en langue d'oïl. Son origine, son extension in: Romanische Studien, herausgegeben von E. Bochmer IV. 1880. 229-272.
Jadwiga: Książeczka do nabożeństwa świętéj Jadwigi. Kraków. 1849.
Jordan, J. P., Grammatik der wendisch-serbischen Sprache in der Oberlausitz. Prag. 1841.
Kateřina: Život svaté Kateřiny. Legenda. V Praze. 1860.
Kochanowski, Jan, Dziela. W Lipsku. 1835.
Koelle, S. W., Grammar of the Bórnu or Kánuri language. London. 1854.
Krüger, K. W., Griechische Sprachlehre für Schulen. Berlin. 1845 bis 1846.
Küzmič, St., Novi zakon. V Köszegi. 1848.
Lazowski, E. Lada, Grammatyka języka polskiego. We Lwowie. 1861.
Leo, H., Ferienschriften. Halle. 1847-1852.
Lewicki, J., Grammatik der ruthenischen oder kleinrussischen Sprache in Galizien. Przemyśl. 1834.
Lex.-pslov. Lexicon palaeoslovenico-graeco-latinum ed. Fr. Miklosich. Vindobonae. 1862-1865.
Lučić, II., Skladanja. U Zagrebu. 1847.
Mätzner, E., Englische Grammatik. Berlin. 1860-1864.
— — Französische Grammatik. Berlin. 1856.
Małecki, A., Gramatyka języka polskiego. Lwów. 1879.
Malgorzata: Psalterz królowej Malgorzaty. Wiedeń. 1834.
Metelko, Fr., Lehrgebäude der slovenischen Sprache. Laibach. 1825.
Miladinovci, D. i K., Bъlgarski narodni pěsni. V Zagreb. 1861.
Milaković, D., Istorija Crne Gore. Zara. 1856.
Moraes Silva, A. de, Diccionario da lingua portugueza. VI. ed. Lisboa. 1858.
Mostre de dialectul macedo-romanu de V. Petrescu (Crusovean) Partea I. Bucuresci. 1880. II. 1882.
Muczkowski, J., Gramatyka języka polskiego. W Krakowie. 1849.
Müller, Fr., Grundriss der Sprachwissenschaft. Wien. 1876-1882.
Nekrasovъ, N., O značenii formъ russkago glagola. Sanktpeterburgъ. 1865.
Nesselmann, G. H. F., Littauische Volkslieder. Berlin. 1853.
Nomis, M., Ukrainśki prykazky, pryslivja i take inše. Sanktpeterburg. 1864.
Orient und Occident. (Herausgegeben) von Th. Benfey. Göttingen. 1862.
Osadca, M., Gramatyka ruskoho jazyka. Vo Lvovi. 1862.
Pieśni ludu polskiego v Galicyi zebrał Żegota Pauli. Lwów. 1838.
— — ruskiego w Galicyi zebrał Żegota Pauli. Lwów. 1839.
Pjesme, Hrvatsko narodne, što se pjevaju u Istri i na kvarnerskih otoicih. U Trstu. 1880.
— — Srpske narodne pjesme. Skupio ih Vuk Stef. Karadžić. U Beču. 1841-1865.
Popovъ, A. V., Sintaksičeskija izslêdovanija. Voronežъ. 1881.

Posl.: Vuk Stef. Karadžić, Srpske narodne poslovice. U Beču. 1849.
Poslovicy i pogovorki Galickoj i Ugorskoj Rusi. S.-Peterburgъ. 1869.
Pov.: Slovenské povesti. Vydávajú A. H. Škultety a P. Dobšinský. V Rožnove. 1858. V B. Štiavnici. 1859-1860.
Pov.: Slovenskje povesti. Usporjadau a vidau J. Rimauski. V Levoči. 1845.
Prip.: Narodne pripovjedke skupio u i oko Varaždina Matija Kračmanov-Valjavec. U Varaždinu. 1858.
Prip.: Vuk Stef. Karadžić, Srpske narodne pripovijetke. U Beču. 1853.
Pryp.: Halyckyi prypovjdky i zahadky. U Vidny. 1841.
Ravnikar, M., Zgodbe svetiga pisma. V Lublani. 1815-1816.
Reisig, K., Vorlesungen über lateinische Sprachwissenschaft. Herausgegeben von Fr. Haase. Leipzig. 1839.
Rozmova pro nebo ta zemlju A. Ivanova. Pereklav na ukrainsku movu M. Komarov. Kiev. 1874.
Rusalka dnistrovaja. U Budyniu. 1837.
Rybnikov, P. N., Pêsni. Moskva. I. 1861.
Sacy, Silvestre de, Grammaire arabe. Seconde édition. Paris. 1831.
Sanctius, Fr., Minerva, cui inserta sunt, quae addidit G. Scioppius, et subjectae suis paginis notae J. Perizonii. Franequerae. 1702.
Sander, D., Archiv für das Studium der neueren Sprachen. 1855. II.
Schleicher, A., Litauische Grammatik. Prag. 1856.
Schoemann, G. F., Die Lehre von den Redetheilen. Berlin. 1862.
Seiler, A., Kurzgefasste Grammatik der sorben-wendischen Sprache nach dem Budissiner Dialekte. Budissin. 1830.
Skaz.: Athanasiev, A., Narodnyja russkija skazki. Moskva. 1857.
Smith, C. W., Grammatik der polnischen Sprache. Zweite Auflage. Berlin. 1864.
Steinthal, H., Grammatik, Logik und Psychologie. Berlin. 1855.
— — Über die unpersönlichen Zeitwörter. Zeitschrift für Völkerpsychologie. I.
— — Charakteristik der hauptsächlichsten Typen des Sprachbaues. Berlin. 1860.
— — Geschichte der Sprachwissenschaft bei den Griechen und Römern. Berlin. 1863.
— — Gesammelte kleine Schriften. Berlin. I. 1880.
Sušil, Fr., Moravské národní písnĕ. V Brnĕ. 1853-1860.
Toepler, G. E., Theoretisch-practische Grammatik der ungarischen Sprache. Pest. 1859.
Tommaseo, N., Canti popolari toscani, corsi, illirici, greci. Vol. 1. (Canti toscani.) Venezia. 1841.
Trendelenburg, A., Logische Untersuchungen. Zweite Ausgabe. Leipzig. 1862.
Troc, M. A., Nowy dykcyonarz. Leipzig. 1779.
Varencov, V., Sbornik russkich duchovnych stichov. Sanktpeterburg. 1860.
Lozińskyj, J., Ruskoje vesile. V Peremyšly. 1835.
Vladisavljević, D., Priprava za istoriju svega svijeta. U Beču. 1864.

Volksl.: Slovenske pesmi krajnskiga naroda. V Ljubljani. 1839-1841.
Výbor z literatury české. Díl první. Od nejstarších časův až do počátku XV. století. V Praze. 1845.
Wypisy polskie. W Lwowie. 1854.
Zeuss, J. C., Grammatica celtica. Lipsiae. 1853.
Zikmund, V., Skladba jazyka českého. V Litomyšli a Praze. (1863.)
Zwahr, J. C. F., Niederlausitz-wendisch-deutsches Handwörterbuch. Spremberg. 1847.

INHALT.

Seite
Erster Theil. Allgemeines 1
Zweiter Theil. Specielles 33

I. Subjectlose Sätze mit einem Verbum activum 34
 1. Sätze, die die Existenz eines Gegenstandes ausdrücken 34
 2. Sätze, die Naturerscheinungen ausdrücken 43
 3. Sätze, die Affectionen des Leibes oder der Seele ausdrücken . 46
 4. Sätze, die Sinnesempfindungen ausdrücken 48
 5. Sätze, die eine Gewalt durch ihre Wirkung ausdrücken . . 49
 6. Sätze, die das Geheimnissvolle, Gespenstige ausdrücken . . . 51
 7. Sätze, die einen Mangel oder das Gegentheil ausdrücken . . . 51
 8. Sätze, die abstracte Verhältnisse ausdrücken 52
II. Subjectlose Sätze mit einem Verbum reflexivum 52
III. Subjectlose Sätze mit einem Verbum passivum 58
IV. Subjectlose Sätze mit einem Nomen und dem Verbum esse . . . 64
Literatur 73

www.ingramcontent.com/pod-product-compliance
Lightning Source LLC
Chambersburg PA
CBHW020337090426
42735CB00009B/1576